TOKUSHIMA

 都道府県ご当地文化百科

徳島県

丸善出版 編

丸善出版

47都道府県ご当地文化百科・広島県

令和6年10月30日　発行

編　者　丸　善　出　版

発行者　池　田　和　博

発行所　丸善出版株式会社
　　　　〒101-0051 東京都千代田区神田神保町二丁目17番
　　　　編集：電話 (03)3512-3264／FAX (03)3512-3272
　　　　営業：電話 (03)3512-3256／FAX (03)3512-3270
　　　　https://www.maruzen-publishing.co.jp

© Maruzen Publishing Co., Ltd. 2024

組版印刷・富士美術印刷株式会社／製本・株式会社 松岳社

ISBN 978-4-621-30957-5　C 0525　　　　　　Printed in Japan

JCOPY〈(一社)出版者著作権管理機構　委託出版物〉
本書の無断複写は著作権法上での例外を除き禁じられています．複写
される場合は，そのつど事前に，(一社)出版者著作権管理機構（電話
03-5244-5088, FAX 03-5244-5089, e-mail：info@jcopy.or.jp）の許諾
を得てください．

【好評既刊 ● 47都道府県百科シリーズ】

（定価：本体価格 3800～4400 円＋税）

47都道府県・**伝統食百科**……その地ならではの伝統料理を具体的に解説

47都道府県・**地野菜/伝統野菜百科**……その地特有の野菜から食べ方まで

47都道府県・**魚食文化百科**……魚介類から加工品、魚料理まで一挙に紹介

47都道府県・**伝統行事百科**……新鮮味ある切り口で主要伝統行事を平易解説

47都道府県・**こなもの食文化百科**……加工方法、食べ方、歴史を興味深く解説

47都道府県・**伝統調味料百科**……各地の伝統的な味付けや調味料、素材を紹介

47都道府県・**地鶏百科**……各地の地鶏・銘柄鳥・卵や美味い料理を紹介

47都道府県・**肉食文化百科**……古来から愛された肉食の歴史・文化を解説

47都道府県・**地名由来百科**……興味をそそる地名の由来が盛りだくさん！

47都道府県・**汁物百科**……ご当地ならではの滋味の話題が満載！

47都道府県・**温泉百科**……立地・歴史・観光・先人の足跡などを紹介

47都道府県・**和菓子/郷土菓子百科**……地元にちなんだお菓子がわかる

47都道府県・**乾物/干物百科**……乾物の種類、作り方から食べ方まで

47都道府県・**寺社信仰百科**……ユニークな寺社や信仰を具体的に解説

47都道府県・**くだもの百科**……地域性あふれる名産・特産の果物を紹介

47都道府県・**公園/庭園百科**……自然が生んだ快適野外空間340事例を紹介

47都道府県・**妖怪伝承百科**……地元の人の心に根付く妖怪伝承とはなにか

47都道府県・**米/雑穀百科**……地元こだわりの美味しいお米・雑穀がわかる

47都道府県・**遺跡百科**……原始～近・現代まで全国の遺跡＆遺物を通観

47都道府県・**国宝/重要文化財百科**……近代的美術観・審美眼の粋を知る！

47都道府県・**花風景百科**……花に癒される、全国花物語350事例！

47都道府県・**名字百科**……NHK「日本人のおなまえっ！」解説者の意欲作

47都道府県・**商店街百科**……全国の魅力的な商店街を紹介

47都道府県・**民話百科**……昔話、伝説、世間話…語り継がれた話が読める

47都道府県・**名門/名家百科**……都道府県ごとに名門/名家を徹底解説

47都道府県・**やきもの百科**……やきもの大国の地域性を民俗学的見地で解説

47都道府県・**発酵文化百科**……風土ごとの多様な発酵文化・発酵食品を解説

47都道府県・**高校野球百科**……高校野球の基礎知識と強豪校を徹底解説

47都道府県・**伝統工芸百科**……現代に活きる伝統工芸を歴史とともに紹介

47都道府県・**城下町百科**……全国各地の城下町の歴史と魅力を解説

47都道府県・**博物館百科**……モノ＆コトが詰まった博物館を厳選

47都道府県・**城郭百科**……お城から見るあなたの県の特色

47都道府県・**戦国大名百科**……群雄割拠した戦国大名・国衆を徹底解説

47都道府県・**産業遺産百科**……保存と活用の歴史を解説。探訪にも役立つ

47都道府県・**民俗芸能百科**……各地で現存し輝き続ける民俗芸能がわかる

47都道府県・**大相撲力士百科**……古今東西の幕内力士の郷里や魅力を紹介

47都道府県・**老舗百科**……長寿の秘訣、歴史や経営理念を紹介

47都道府県・**地質景観/ジオサイト百科**……ユニークな地質景観の謎を解く

47都道府県・**文学の偉人百科**……主要文学者が総覧できるユニークなガイド

刊行によせて

「47都道府県百科」シリーズは、2009年から刊行が開始された小百科シリーズである。さまざまな事象、名産、物産、地理の観点から、47都道府県それぞれの地域性をあぶりだし、比較しながら解説することを趣旨とし、2024年現在、既に40冊近くを数える。

本シリーズは主に中学・高校の学校図書館や、各自治体の公共図書館、大学図書館を中心に、郷土資料として愛蔵いただいているようである。本シリーズがそもそもそのように、各地域間を比較できるレファレンスとして計画された、という点からは望ましいと思われるが、長年にわたり、それぞれの都道府県ごとにまとめたものもあれば、自分の住んでいる都道府県について、自宅の本棚におきやすいのに、という要望が編集部に多く寄せられたそうである。

そこで、シリーズ開始から15年を数える2024年、その要望に応え、これまでに刊行した書籍の中から30タイトルを選び、47都道府県ごとに再構成し、手に取りやすい体裁で上梓しよう、というのが本シリーズの趣旨だそうである。

各都道府県ごとにまとめられた本シリーズの目次は、まずそれぞれの都道府県の概要（知っておきたい基礎知識）を解説したうえで、次のように構成される（カギカッコ内は元となった既刊のタイトル）。

Ⅰ　歴史の文化編
　「遺跡」「国宝 / 重要文化財」「城郭」「戦国大名」「名門 / 名家」
　「博物館」「名字」
Ⅱ　食の文化編
　「米 / 雑穀」「こなもの」「くだもの」「魚食」「肉食」「地鶏」「汁

物」「伝統調味料」「発酵」「和菓子／郷土菓子」「乾物／干物」

Ⅲ　営みの文化編

「伝統行事」「寺社信仰」「伝統工芸」「民話」「妖怪伝承」「高校野球」「やきもの」

Ⅳ　風景の文化編

「地名由来」「商店街」「花風景」「公園／庭園」「温泉」

　土地の過去から始まって、その土地と人によって生み出される食文化に進み、その食を生み出す人の営みに焦点を当て、さらに人の営みの舞台となる風景へと向かっていく、という体系を目論んだ構成になっているようである。

　この目次構成は、一つの都道府県の特色理解と、郷土への関心につながる展開になっていることがうかがえる。また、手に取りやすくなった本書は、それぞれの都道府県に旅するにあたって、ガイドブックと共に手元にあって、気になった風景や寺社、歴史に食べ物といったその背景を探るのにも役立つことだろう。

＊　　　　＊　　　　＊

　さて、そもそも47都道府県、とは何なのだろうか。47都道府県の地域性の比較を行うという本シリーズを再構成し、47都道府県ごとに紹介する以上、この「刊行によせて」でそのことを少し触れておく必要があるだろう。

　日本の古くからの地域区分といえば、「五畿七道と六十余州」と呼ばれる、京都を中心に道沿いに区分された8つの地域と、66の「国」ならびに2島に分かつ区分が長年にわたり用いられてきた。律令制の時代に始まる地域区分は、平安時代の国司制度はもちろんのこと、武家政権時代の国ごとの守護制度などにおいて（一部の広すぎる国、例えば陸奥などの例外はあるとはいえ）長らく政治的な区分でもあった。江戸時代以降、政治的区分としては「三百諸侯」とも称される大名家の領地区分が実効的なものとなるが、それでもなお、令制国一国を領すると見なされた大名を「国持」と称するなど、この区分は日本列島の人々の念頭に残り続けた。

　それが大きく変化するのは、明治維新からである。まず地方区分

は旧来のものにさらに「北海道」が加わり、平安時代以来の陸奥・出羽の広大な範囲が複数の「国」に分割される。政治上では、まずは京・大阪・東京の大都市である「府」、中央政府の管理下にある「県」、各大名家に統治権を返上させたものの当面存続する「藩」に分割された区分は、大名家所領を反映して飛び地が多く、中央集権のもとで中央政府の政策を地方に反映させることを目指した当時としては、極めて使いづらいものになっていた。そこで、まずはこれら藩が少し整理のうえ「県」に移行する。これがいわゆる「廃藩置県」である。これらの統合が順次進められ、時にあまりに統合しすぎて逆に非効率だと慌てつつ、1889年、ようやく1道3府43県という、現在の47の区分が確定。さらに第2次世界大戦中の1943年に東京府が「東京都」になり、これでようやく1都1道2府43県、すなわち「47都道府県」と言える状態になったのである。これが現在からおよそ80年前のことである。また、この間に地方もまとめ直され、京都を中心とみるのではなく複数のブロックで扱うことが多くなった。本シリーズで使っている区分で言えば、北海道・東北・関東・北陸・甲信・東海・近畿・中国・四国・九州及び沖縄の10地方区分だが、これは今も分け方が複数存在している。

　だいたいどのような地域区分にも言えることではあるのだが、地域区分は人が引いたものである以上、どこかで恣意的なものにはなる。一応1500年以上はある日本史において、この47都道府県という区分が定着したのはわずか80年前のことに過ぎない。かといって完全に人工的なものかと言われれば、現代の47都道府県の区分の多くが旧六十余州の境目とも微妙に合致して今も旧国名が使われることがあるという点でも、境目に自然地理的な山や川が良く用いられているという点でも、何より我々が出身地としてうっかり「○○県出身」と言ってしまう点を考えても（一部例外はあるともいうが）、それもまた否である。ひとたび生み出された地域区分は、使い続けていればそれなりの実態を持つようになるし、ましてや私たちの生活からそう簡単に逃れることはできないのである。

＊　　　　＊　　　　＊

　各都道府県ごとにまとめ直す、ということは、本シリーズにおい

刊行によせて　　iii

ては「あえて」という枕詞がつくだろう。47都道府県を横断的に見てきたこれまでの既刊シリーズをいったん分解し、各都道府県ごとにまとめることで、私たちが「郷土性」と認識しているものがどのようにして構築されたのか、どのように認識しているのかを、複数のジャンルを横断することで見えてくるものがきっとあるであろう。もちろん、47都道府県すべての巻を購入して、とある県のあるジャンルと、別の県のあるジャンルを比較し、その類似性や違いを考えていくことも悪くない。あるいは、各巻ごとに精読し、県の中での違いを考えてみることも考えられるだろう。

　ともかくも、地域性を考察するということは、地域を再発見することでもある。我々が普段当たり前だと思っている地域性や郷土というものからいったん身を引きはがし、一歩引いて観察し、また戻ってくることでもある。有名な小説風に言えば、「行きて帰りし」である。

　本シリーズがそのような地域性を再発見する旅の一助となることを願いたい。

2024年5月吉日　　　　　　　　　　　　　　執筆者を代表して

　　　　　　　　　　　　　　　　　　　　　森岡　　浩

目　　次

知っておきたい基礎知識　I

基本データ（面積・人口・県庁所在地・主要都市・県の植物・県の動物・該当する旧制国・大名・農産品の名産・水産品の名産・製造品出荷額）／県章／ランキング1位／地勢／主要都市／主要な国宝／県の木秘話／主な有名観光地／文化／食べ物／歴史

I　歴史の文化編　11

遺跡 12／国宝/重要文化財 18／城郭 23／戦国大名 27／名門/名家 33／博物館 39／名字 43

II　食の文化編　47

米/雑穀 48／こなもの 54／くだもの 58／魚食 63／肉食 66／地鶏 70／汁物 74／伝統調味料 79／発酵 84／和菓子/郷土菓子 89／乾物/干物 95

III　営みの文化編　99

伝統行事 100／寺社信仰 103／伝統工芸 109／民話 115／妖怪伝承 121／高校野球 127／やきもの 131

IV　風景の文化編　135

地名由来 136 ／商店街 141 ／花風景 147 ／公園/庭園 152 ／温泉 157

執筆者／出典一覧　159
索　引　161

【注】本書は既刊シリーズを再構成して都道府県ごとにまとめたものであるため、記述内
　　容はそれぞれの巻が刊行された年時点での情報となります

徳島県

知っておきたい基礎知識

- 面積：4147km²
- 人口：68万人（2024年速報値）
- 県庁所在地：徳島市
- 主要都市：阿南（あなん）、鳴門（なると）、三好（みよし）、小松島（こまつしま）、吉野川（よしのがわ）、美馬（みま）
- 県の植物：ヤマモモ（木）、スダチの花（花）
- 県の動物：シラサギ（鳥）
- 該当する令制国：南海道阿波国（あわのくに）
- 該当する大名：徳島藩（蜂須賀氏（はちすかうじ））
- 農産品の名産：ニンジン、サツマイモ、スダチ、ユズ、シイタケなど
- 水産品の名産：ワカメ、アオノリ、ハモ、シラス、アマゴなど
- 製造品出荷額：2兆520億円（2022年調査）

● 県　章

「とくしま」の「とく」の字を鳥に見立てて図案化したもの。

●ランキング1位

・ケーブルテレビの普及率　総務省の調査によれば2022年時点で92％である。これは、2000年代初頭にあった地上デジタル放送への移行に際して、それまで徳島県の多くの世帯が視聴していた近畿地方のテレビ局の放送が受信できなくなるのでは、という懸念から県と市町村が協力して整備に努めたものである。この副産物として、徳島県には光ファイバーの通信網が全域に張り巡らされることになり、これを強みとしての企業・オフィス誘致も試みられている。

●地　勢

　四国地方の東部、紀伊水道を挟んで和歌山県と向かい合う一帯を指す。県域は全体的に山がちで、主要な平地は北側を流れる四国随一の大河である吉野川に沿った徳島平野、および阿南の町を有する那賀川下流の平野に集中している。吉野川は古くから暴れ川として知られて下流に広大な氾濫原とデルタ地帯を形成しており、県庁所在地の徳島市もこのデルタ地帯に位置している。

　南部は剣山に代表される四国の中でも特に深い山が続き、平家の落人伝説で有名な祖谷もここに位置する。吉野川をさかのぼれば高知県の方向には向かえるのだが、その途中に大歩危・小歩危の急峻な峡谷があることにより交通の便が非常に悪く、高知方面への道筋は近代になって土讃線の開通や道路の整備が進められるまで、南沿岸の海路や街道を通過して室戸岬廻りで向かうことが一般的であった。この一帯はリアス海岸が続いており、牟岐の港町などがある。南海地震での津波被害も警戒されている。

　北に向かうと讃岐山脈東端の近くに淡路島とを分ける鳴門海峡がある。讃岐山脈は香川県と高知県を分けているが、こちらは低山が多く峠もいくつかあることもあって、山をまたいでの交流も古くから比較的多い。

●主要都市

・徳島市　吉野川河口部の南側、眉山の北に位置する吉野川デルタ地帯を占める県庁所在地。古くから開発が進み、また国府も市街地よりはやや山沿いとはいえこの近辺にあったが、現在の都市は江戸時代の初頭に蜂須賀氏によって築かれた城下町に由来する。長らく比較的孤立した徳島県の中

心都市として栄えていたが、明石海峡大橋と鳴門海峡大橋の開通により小売商業は近畿地方の京阪神大都市圏との競争が激しく、衰退しつつある。

・阿南市　那賀川河口部の平地にある、県南部地域の中心都市。より詳しく見ると、戦国時代に始まる小城下町にして近世も阿波南部の中心となった富岡と、土佐方面への中継地にして阿波南部の物産の集散地として栄えた橘港の二つの地域が中核となる。

・鳴門市　北東部、淡路島と四国を分かつ鳴門海峡に面した港町。古くから撫養の港町が、有名な「鳴門の渦潮」に伴う潮待ちのために栄えていた。

・小松島市　徳島の町の南隣にある、江戸時代以来の港町。江戸時代の時点でも栄えていたが、近代には徳島に最も近い大型船の出入り可能な港町として、戦後になって徳島港の整備が行われるまでは、近畿地方から徳島県への海の玄関口であった。

・吉野川市　吉野川中流の南岸部、伊予街道沿いの町として栄えた鴨島を中心に周辺市町村が合併してできた都市。山際の部分は吉野川の洪水被害を比較的受けないため、古代から早くに開発されてきた。対岸にある阿波市との関係も深い。

・三好市　県西部地域の吉野川上流部を占める都市。市域には大歩危・小歩危の峡谷などを含む。中心地である池田は峠越えの必要はあるとはいえ阿波・伊予・讃岐・土佐の各方向への道が通じる四国きっての陸上交通の要衝であり、長く宿場として発展した。

●主要な国宝

　現在、徳島県に所在する国宝は存在しないため、県の歴史にゆかりがあるものを取り上げる。

・太刀　銘正恒　広島県のふくやま美術館に所蔵されている、平安時代の古備前（岡山県南部地域を拠点にした刀工とその弟子筋）とされる太刀。徳島藩主であった蜂須賀家に戦前の1930年代まで伝来した。蜂須賀家のが所蔵していた美術品は主な旧大名家と同様に、明治時代以降に資金難などからの売り立て（オークション）によって多くが散逸している。現在、徳島県博物館が所在の確認や収集に努めている。

●県の木秘話

・ヤマモモ　隣県の高知県の県の花でもある、温暖な気候を好む常緑樹。

徳島県は果樹栽培としてはヤマモモの第一の産地であり、主に県内や近畿地方に出荷されている。また、徳島藩によって伐採などが制限された木の一つであった。

・スダチ　ミカン科の常緑広葉樹で、県の花となっている白い花をつける。そもそも名前が「酢の橘」からともいわれるように果汁のさわやかな酸っぱさが特徴であり、南部地域での生産が国内シェアのほとんどを占めている。また南部ではユズも特産である。

●主な有名観光地

・鳴門の渦潮　四国本島と淡路島の間を分ける鳴門海峡に発生する、直径が20〜30mにも達して渦を巻く潮流を指す。この渦潮は海底の地形に加えて、瀬戸内海と外海とのつながりがかなり狭いために両海域の間で大きな潮位差が発生しやすいことから形成されている。古くから名勝として知られていたが、現在では大鳴門橋も含めて絶景として知られている。また、鳴門公園には陶板名画（複製画）の展示で有名な大塚国際美術館がある。

・大歩危・小歩危　吉野川は池田の南側においてちょうど四国山地を横切るように流れており、この結果、その部分に峻険な峡谷が形成された。結晶片岩とよばれる白っぽい岩が侵食をうけてそそり立つさまは絶景として知られるが、同時に長らく阿波から土佐に向かう場合、いったん伊予にでて別の峠を越えるか、沿岸を南下して回り込むかを強いられる交通障害としての面をもった。なお、「歩危」は当て字で、「ほけ」が切り立った崖を表す古語であるという説が有力である。

・眉山　徳島市街地の南西に緩やかにそびえる低山は、古代から阿波の玄関口をしめすものとして親しまれていた。『万葉集』にも登場しており、現代では市街地近くの行楽地でもある。

・祖谷のかずら橋　吉野川を大歩危からさらにさかのぼったあたりである剣山の麓の祖谷渓は、平家の落人伝説が残るほど峻険で周囲から孤立した土地であった。このかずら橋は、橋脚が建てられないような急峻な場所に、山間部に生えるカズラを使って両岸から渡した吊り橋である（当時、源氏からの追手が迫ったとき、谷に架けた橋を簡単に切り落とせるようカズラが使われたといういわれがある）。ただ、やはりよく揺れ、民謡にも「風もないのにゆらゆらと」と形容されている。

4

●文 化

・**阿波おどり** 徳島藩からたびたび華美さへの制約や行動の規制をうけつつも、すでに江戸時代には通りで踊りだしたり囃したりという基本形態が、阿波地域の盆踊りにでき始めていた。やがて江戸時代後期から明治時代にかけての藍商人の隆盛に伴う豪遊と各地域からの芸能の流入、見物人の増加などを経て、現在見るようなテンポが速く大きなふりで行進するような踊りへと変化していったという。有名な囃子唄である「踊る阿呆に見る阿呆／同じ阿呆なら踊らにゃ損損」という歌詞や節も、潮来節という関東から中部・近畿に普及していった歌から来ているという説が有力である。

・**人形浄瑠璃** 人形芝居と三味線による語りを合わせた人形浄瑠璃はもともと大阪を中心とした近畿地方で隆盛している。その中でも徳島県の場合には、かつて徳島藩領だった淡路島（兵庫県）が室町時代から人形遣いの一大拠点として知られていたこと、それを藩主の蜂須賀家の保護と阿波藍商人の財力によって阿波を含む全国で巡業したこと、阿波では農作業がきつい藍栽培の合間の娯楽として受け入れられたことから、農村含め戦前にかけて全域で隆盛を見た。現在でも多くの農村舞台が残され、また保存活動もなされている。なお、人形の頭がやや大きいのが特徴といわれる。

・**藍 染** 藍とはタデ科の植物で、刈り取った葉に水をかけながら発酵させることで、「藍色」と呼ばれる様々な青色を発色する染料となる。このため、まず植物を育てる作業からそのあとの発酵作業まで人手がいるのだが、徳島では吉野川の洪水で頻繁に養分の多い土が供給されること、藩の財源として重視されたことから栽培が特に盛んになり、特に後期には質の改善を継続的に試みたこと、流通を藩で握り利益を得ようとしたために大きな財力を持つ徳島の商人が増え、一大産業として発展した。その財力は阿波おどりや人形浄瑠璃など様々な面で徳島の文化に影響している。

・**うだつの町並み** うだつとは、和風の家の妻（端）に少し高く漆喰で建てられた防火目的の小さい壁をさす。ほかの県にも例えば岐阜県美濃市などにあるが、吉野川中流北岸の美馬市脇町南町にある伝統建築物保存地区が特に、うだつのそろった街並みが名物として知られる。脇町は江戸時代に吉野川の河港として、また藍商人の町として阿波の中でも特に栄えており、その時代の名残となっている。

●食べ物

・**なると金時**　鳴門市や板野町、徳島市という吉野川下流部で育てられる
サツマイモのブランド品種である。この地域でのサツマイモ栽培は江戸時
代に始まるとされるが、特に鳴門市にいた農家の西上国蔵という人物が肥
前（長崎県）からのサツマイモを品種改良したことで知られている。砂質
の土地が多いこの一帯ではサツマイモはよく育ち、郷土料理としてもサツ
マイモと小豆の煮物である「いとこ煮」があげられる。

・**でんぷ**　金時豆（インゲンマメの一種）で作ったお祝い事に出す五目豆
のような料理。金時豆は徳島県では一般的な食材で、すしに入れることも
あれば、お好み焼きに入っていることもある。

●歴　史

●古　代

　阿波に早くから人が住んでいたことは確かで、徳島市の鮎喰川流域で弥
生時代の集落遺跡が見つかっている。また、古墳時代には北部の鳴門市、
ついで吉野川下流域で古墳の築造が見られ、その最後期にして四国の古墳
の中でも大きいものが、渋野丸山古墳である。

　近畿地方の政権が県域に影響力をもつころには、徳島県内には主に吉野
川流域を中心とする勢力と、那賀川流域および南部沿岸部を中心とする勢
力がいたらしく、後代にまとめられた『国造本紀』にある「粟国」と「長
国」とみられている。ただし、飛鳥時代の後期になるころには、現在の徳
島県域をもって阿波国とする呼び方は定着していた。この地方で古くから
豪族として知られたのが忌部氏で、麻を育て儀礼で使う服を朝廷に献上し
ていた。

　南海道全体としてみると、飛鳥時代から奈良時代にかけては、都があっ
た大和から紀伊（和歌山県）へ向かい、海を渡って淡路島南部を経由して
阿波に上陸し、そこで分かれて吉野川の南にある阿波の国府に向かう道と、
そのまま沿岸部を経由して讃岐・伊予・土佐へと向かう道筋がメインルー
トであり、つまり阿波は四国のうち近畿地方に最も近い地域であった。加
えて、当初の南海道ではあまりに遠回りなために、早くに土佐方面への主
要ルートは阿波南部の沿岸を経由して室戸方面から入る陸路・海路に移っ

ており（紀貫之『土佐日記』中の行程など）、四国地方の玄関口としての阿波の地位はその後も長く県の歴史に影響することになる。

　阿波の主要な中心地は吉野川流域であったが、洪水が頻発する名うての暴れ川である吉野川は、特に下流域では一大湿地とデルタ地帯を形成していた。しかし、平安時代と続く中世を通じて、徐々に耕地が開拓されていく。

●中　世

　中世初頭の大乱である治承・寿永の乱（源平合戦）では、阿波と近畿の近さが物語られる。讃岐国屋島（香川県高松市）に陣を敷いた平家を攻めるべく、四国上陸のために摂津国渡辺津（大阪市）を出た源義経率いる軍の上陸地点が、阿波国勝浦の浜、いまでいう小松島市のあたりだと伝えられており、そのままちょうど南海道をたどるように讃岐へと向かっていった。鎌倉時代に入ると、阿波の守護職は小笠原氏がもっぱら務め、また東国からも多数の武士が阿波へと入った。この時代にも、那賀川と吉野川の下流の開拓と荘園の形成が引き続き進められていく。

　南北朝の騒乱でも、阿波は室町幕府・北朝方による四国制圧の拠点となり、後に三管領の一角となる名族細川氏の祖である細川頼之が平野部に本拠をおいて、残る四国諸州への進出や、阿波国内の山岳地帯や沿岸地帯に多かった南朝方の鎮圧にあたっている。やがて、これらが落ち着くと、阿波守護職を受け継ぐようになった細川氏は15世紀中盤までに守護所を吉野川平野部の勝瑞に置き、そこに当時としても広大な館を営んだ。これが室町・戦国時代を通じて、都市としても阿波の中心となる。また、この時代に阿波の特産品となる藍の栽培が始まったとみられている。

　応仁の乱以降の戦国時代においても、阿波は引き続き細川家の基盤の一つとなり、足利将軍家中の内紛で逃れた足利家の者が南部の平島に拠点をおいて将軍位を狙ったりもしている（平島公方といい、1800年ごろまで子孫は阿波に在国）。が、1500年代から、西部の三好地域にルーツを持つ家臣の三好氏が勢力をまし、ついに1550年代の三好長慶の時代には、阿波・讃岐に加え近畿地方一帯に勢力をもつ大大名となる。しかし、その三好氏もさらに家臣の台頭を招き、阿波の国内は家臣の統制が取れずに混乱。そこにちょうど近畿地方での織田信長の台頭と、四国地方での長曾我部家の台頭が重なり、双方から圧迫を受ける結果となった三好家は崩壊した（子

徳島県　知っておきたい基礎知識　　7

孫は残っている）。

　その後、長曾我部家の支配下となった阿波には、豊臣秀吉が1585年に攻め込んでこれを降伏させ、そうして近世の阿波を治める蜂須賀氏の祖である蜂須賀家政が送り込まれることになる。

●近　世

　入国した家政は早速現在の徳島を選んで城と城下町の建造をはじめた。これが現代まで続く徳島市となる。また、当初阿波一国だった領国は、1615年に淡路島を領国に加えて25万石もの大大名となった。領域が広大なため、池田などにも陣屋が設けられている。

　徳島においては特に吉野川下流部があまりにも頻繁に洪水をおこし、しかもそれが稲の収穫ともよく重なることから、年貢が期待できなかった。そのため、藩は治水工事に力を入れるよりも、ちょうどこの洪水によって新たな土壌がもたらされることに注目し、栽培に適した藍の特産品化に注力し財源とした。江戸時代を通じて行われた藍の品質向上の結果、阿波の藍は徳島藩を支える重要な財源となった一方、その生産と流通には藩の関与が強く、また農民も重労働を強いられたため、このことや専売政策に反発する農民一揆も多く伝えられている（後期にたばこ専売をめぐり起こった一揆に至っては、内陸部の農民が近隣の藩に逃散している）。しかし、この利益によって徳島の藍商人や海運業者は、大阪の問屋や商人に対抗しつつ大きく利益を蓄え、これが阿波おどりや、伝統芸能である人形浄瑠璃の隆盛にもつながったとされる。

●近　代

　幕末の徳島藩は、大坂と江戸を繋ぐ航路である紀伊水道に面していることもあり、小松島や明石海峡などに台場（砲台）などの海防施設を設け、また藍販売などで財政改革に取り組んだことで知られている。そのため、藩の規模相応の実力や財力はあり、実際に幕末の幕政改革においては時の藩主が陸軍・海軍奉行に任命されているのだが、鳥羽・伏見の戦いで最終的に新政府側につくまで、その立場をはっきりさせることはなかった。

　順当にいけば廃藩置県においておそらく淡路島を県域に含むはずだった徳島の状況は、1870年に淡路洲本城 城代稲田氏の独立の動きに反発した過激派徳島藩士が稲田氏の拠点を急襲し、稲田氏家中に死者や負傷者を多

数出した事件によって急転する。1871年、徳島藩の藩域をもって徳島県のち名東県（名東は徳島市周辺の郡名）が設置され、さらに1873年には讃岐国を一時編入するが、1876年にこの県は解体され、阿波国は高知県に、淡路国は兵庫県に編入された。先述の襲撃事件が淡路島分離に影響を与えたという説は根強い。最終的に徳島県が現在の県域で成立するのは1880年のことである。

　これ以降の徳島県は、四国地方の一角ではあるものの、同時に近畿地方ともつながりが深い工業・農業県として発展する。藍産業は輸入藍との競争や合成染料が台頭する明治時代後半にいたるまでの初期の徳島県の経済を支え、この間に鉄道や船舶網、港の整備などのインフラの整備が幅広く行われた。戦後も戦前から発達していた製薬業に加え、徳島港の再整備による製紙業などの立地などで工業も発達。LEDやリチウムイオン電池などの電子製品を生産する工場も立地している。さらに長らく徳島県を苦しめてきた吉野川の治水も目途がつき、なると金時やニンジンなどをはじめとした多くの農産物が生産できるようになっている。

　また、明石海峡大橋と鳴門海峡大橋がつながって本州に車で移動できるようになったことは、人の流れを大きく変えた。買い物客では京阪神との競争で市内小売業は大きく衰退した一方、阿波おどりや吉野川沿いの大歩危・小歩危、鳴門の渦潮などを目当てとする観光客にとっては、近畿地方から日帰りで行ける場所となっている。

【参考文献】
・石躍胤央ほか『徳島県の歴史』山川出版社、2015

I

歴史の文化編

遺　跡

庄・蔵本遺跡（木製品）

地域の特色　徳島県は、四国の東部、紀伊水道に面する県。北は香川県に接し、西は高知県、愛媛県に接する。中央部に四国山脈があり、その北側にいわゆる「四国三郎」と呼ばれる吉野川が流れる。その沖積平野を挟んで吉野川左岸に阿讃山脈が平行に走り、それは中央構造線に沿って形成されている。県内の約80％は山地であり、南側には剣山系の急峻な山岳地形が認められ、その間には勝浦川・那賀川が谷をなして、下流域に平野をつくる。東は紀伊水道に面し、淡路島や播磨灘に面する鳴戸海峡では著名な渦潮が見られる。

　旧石器・縄文時代の遺跡は多くはないが、山地部に洞窟遺跡などが確認されている。弥生時代以降は吉野川を軸として河川流域に多く、鮎喰川周辺には青銅器の埋納遺跡が認められるなど、早くから他地域との交流が盛んであったことがうかがわれる。吉野川の上下流では、瀬戸内や畿内からの文化的な影響の強弱が認められており、興味深い。古墳は主として吉野川流域に認められ、右岸、左岸での様相の違いも指摘される。また、積石塚の存在は、きわめて特徴的といえる。古代は阿波国とされ、北方と南方に二分されていた。北方は粟国、南方は長国と呼ばれ、「粟」は忌部氏が、「長」は三輪系の海人が支配したという。

　中世には佐々木経高が阿波の守護となるが、承久の乱後、小笠原長清に代わり、その一族が支配する。室町時代には細川氏が、戦国時代には三好氏が治めるも、京で松永久秀が主筋の三好三人衆を倒して実権を握る。その後、1571（天正3）年に土佐の長宗我部元親が阿波に侵入、四国制覇を完成する。この後、豊臣秀吉により四国は平定され、蜂須賀正勝・家政父子を阿波国に封じた。関ヶ原の戦以後は、淡路国も加増され、徳島藩の石高は25万6,940石となる。

　1871年の廃藩置県によって阿波国および津名郡42カ村を除いた淡路国を合わせて、県制が施行され徳島県となった。その後、津名郡42カ村を

12　　凡例　史：国特別史跡・国史跡に指定されている遺跡

加えて名東県と改称、一時は讃岐国も管轄した。しかし、1875年9月に讃岐国は分離され、再び香川県となった。次いで翌年、名東県が廃止となり、阿波国は高知県に、淡路国は兵庫県にそれぞれ併合されて、10月には徳島町に高知県徳島支庁が置かれた。1880年3月、旧阿波国が高知県から分離し、再度徳島県となり、現在の県域が確定した。

主な遺跡

廿枝遺跡
（はたえだ）

*阿南市：桑野川右岸の丘陵北斜面、標高約30mに位置
時代 旧石器時代

　1967年に宅地造成に伴って発見され、ナイフ形石器、掻器、削器、尖頭器のほか、石鏃、細石刃、縦長剥片なども採集されている。石材はチャートを主体とし、サヌカイトや酸性凝灰岩なども若干、含まれている。県南部での旧石器時代の遺跡としては唯一のもので、県北部には吉野川流域に、椎ヶ丸遺跡（阿波市）をはじめ旧石器散布地が40カ所近く存在している。椎ヶ丸遺跡からは1,000点以上の石器、石核、剥片などが採集され、特にサヌカイト製のナイフ形石器70点のほか、掻器、翼状剥片、縦長剥片、石核などが認められた。ナイフ形石器の技法として、瀬戸内技法による国府型ナイフ形石器の占める割合が高いものの、瀬戸内技法によらない剥離技術を示すナイフ形石器も存在していることが指摘されている。ただし、残念ながら、層位的な把握が十分にできておらず、今後の課題となっている。

加茂谷川岩陰遺跡群
（かもだにがわいわかげ）

*三好郡東みよし町：吉野川支流、加茂谷川上流の右岸、標高240〜500mに位置　**時代** 縄文時代早期〜晩期

　1969年に発見され、1970〜72年にかけて、同志社大学と南九州大学によって調査が行われた。5カ所のうち、1、2、5号の岩陰遺跡が発掘調査されている。1号遺跡は縄文前期から晩期までの土器のほか、サヌカイト製石匙、石鏃などが検出された。2号遺跡からは縄文前期の土器と石組炉、5号遺跡からは縄文早期の土器と石英製石斧状石器、サヌカイト製削器、シカ、イノシシ、タヌキ、ウサギなどの獣骨類が出土している。出土した土器は県内の型式編年において重要な位置を占め、徳島県における縄文時代を検討するうえで、豊富な資料を提供してくれる遺跡といえる。

I　歴史の文化編　13

城山貝塚
（しろやま）

＊徳島市：城山山麓、標高約1mに位置　**時代** 縄文時代後期〜弥生時代前期

　1922年に鳥居龍蔵によって調査が行われ、県内の考古学的調査の嚆矢として著名である。徳島城内表御殿庭園北に位置する洞窟内に形成された岩陰遺跡である。1号から5号貝塚のうち、1〜3号貝塚まで発掘され、ハイガイを主体とした貝層で形成される。2号貝塚からは、屈葬人骨1体を含む3体の人骨が検出され、貝輪や土器、獣骨も認められた。5号貝塚は山頂部北側付近に位置したとされるが、現在は確認できない。ハマグリ、アサリや弥生土器、土師器が採集されている。周辺地形には海蝕痕が見られ、海岸線に近い地形であったことがうかがわれる。

庄 遺跡
（しょう）

＊徳島市：鮎喰川東岸の沖積平野、眉山の北麓、標高4〜6mに位置　**時代** 縄文時代晩期〜弥生時代前期

　1979年の球場改築工事に伴い調査が行われ、以後断続的に調査が続いている。弥生時代前期を中心とした県内有数の集落遺跡として評価できる。前期後半の環濠と推測される大溝が検出されたほか、自然河道下層から木製品が多数出土しており、鍬や鋤などの農具や田舟、木偶なども認められた。また、徳島大学地点からも、朱塗りのミニチュアの砧や盾、臼、梯子なども認められ、人物像を刻んだ板状の木製品も検出された。また、徳島大学医学部構内地点では、前期半ばの土器を伴った箱式石棺墓、配石土坑墓、甕棺墓なども認められた。加えて、日赤血液センター地点では縄文時代晩期の土器が検出されており、弥生時代への移行過程をとらえうる遺跡としても評価されている。なお、奈良・平安時代の掘立柱建物跡も認められ、自然流路から人形や斎串といった祭祀道具、曲物、箸、刀子の柄、弓などの木製品や墨書土器も出土している。また隣接する南庄遺跡（徳島市）では弥生時代中期後半から後期後半にかけての竪穴住居跡が検出され、幅6.5mの環濠の存在も明らかとなっている。土器のほか、鉄剣や勾玉、管玉、ガラス玉、石鏃、石斧、石包丁なども出土し、中期後半の打製石器製作工房跡と推測されている。

足代東原遺跡
（あじろひがしばら）

＊三好郡東みよし町：吉野川上流の左岸に形成された扇状地、標高約80mに位置　**時代** 弥生時代後期〜古墳時代前期

　1981年、吉野川北岸農業水利事業に伴い発掘調査が行われた。南北の広がりは不明だが、東西約180mにわたり、積石墓群が形成されていた。墓群中央には、砂岩の小礫を盛って形成された前方後円形の墳墓（残存全

長16.5m、後円部径11m、前方部長5.5m）があり、その周囲に36基以上の円形積石墓が点在している。各墓坑は、地山を20〜40cm掘り下げ、円形墓坑を構築した後、人頭大の砂岩で円形の列石を築き、内部に拳大の礫や破砕した土器片を充填し、約60cm程度に墳丘を盛る。また、積石墓の間には祭祀的な意味を想定させる土器溜りが形成されており、イノシシ形、サル形土製品も検出されている。吉野川上流域における積石墓や古墳の発展形態をとらえるうえで、重要な遺跡といえる。なお、本遺跡から南東へ約3.5kmの付近に位置する丹田古墳（東みよし町）は、積石塚の前方後円墳（全長35m、前方部幅6.6m、後円部径17.5m、高さ3m）があり、竪穴式石室から舶載鏡、鉄剣、鉄斧などが出土し、吉野川上流域の最古級首長墓として、その関わりが示唆される。

若杉山遺跡 _{わかすぎやま}

＊阿南市：那賀川右岸、標高150〜350mの範囲に分布

時代 弥生時代終末期〜古墳時代初頭 　　　　　　　　　　史

戦後、ミカン畑の開墾などで石臼、石杵の採集があり、1966年の市毛勲による現地調査と紹介によって、知られるようになった。1984年より県立博物館の調査が実施され、石臼37点、石杵224点のほか、朱の原石である辰砂（硫化水銀鉱石）片や土器、勾玉、獣魚骨、貝類などが検出された。石臼は辰砂を磨りつぶす工程に合わせて形態に変化が認められ、朱の精製作業が行われていたことを示唆している。なお、遺跡付近は水銀の産出地として知られ、水井水銀鉱山が存在する。県内では本遺跡から約30km離れた、ほぼ同時期の遺跡と考えられる黒谷川群頭遺跡（板野郡板野町）でも、朱の精製を行ったことを示す朱の付着した石杵、石臼、辰砂が住居跡などから検出されている。若杉山遺跡の辰砂が搬入されたものと考えられる。

源田遺跡 _{げんだ}

＊徳島市：鮎喰川左岸、気延山南斜面の標高約32mに位置

時代 弥生時代

1948年に山林開墾中に3個の銅鐸と1本の中広形銅剣が出土した。不時発見のため正確な出土状況は不明であるが、傾斜面に3個の銅鐸のうち1個には銅剣が近くに伴い、これらに並行してもう1個の銅鐸も埋納されていたと考えられている。鮎喰川流域ではこうした青銅器の埋納遺構が数多く認められ、安都真遺跡（徳島市）では4個の銅鐸、東寺遺跡（神山町）では銅剣の破片3点、左右山遺跡（神山町）では、2本の銅剣、また園瀬川流域であるが、美田遺跡（徳島市）からは、1932年に土取り工事に際して7個の小型銅鐸が出土している。

I　歴史の文化編　15

渋野丸山古墳
<small>しぶ の まるやま</small>

＊徳島市：勝浦川支流、多々羅川北岸の山裾、標高約7m に位置　時代 古墳時代前期　史

　前方部および後円部の先端が切り崩されているため、現存する全長は約80mであるが、県下最大の前方後円墳とされる。後円部径は約40m、高さ約8mを測る。前方部は2段、後円部は3段築成で、盾形の周濠がめぐる。大正年間より知られ、1988年には後円部に隣接する住宅の工事に伴って一部発掘調査が行われた。その結果、後円部径が約50mであったことが確認された。後円部からは草摺形埴輪、家形埴輪、円筒埴輪などが出土している。5世紀前半の築造と考えられている。

萩原墳墓群
<small>はぎわらふん ぼ ぐん</small>

＊鳴戸市：讃岐山脈の南麓、標高10〜24m の尾根上に分布　時代 古墳時代前期〜後期

　1980〜81年にかけて県道バイパス工事に伴い調査が実施された。径18mの円丘部と幅3.6m、長さ8.5mの突出部をもつ1号墓のほか、20基以上の積石墓群が広がる。1号墓からは円丘中央に竪穴式石室が認められ、舶載鏡のほか、管玉、鉄片が出土した。両突出部の付け根部より不整円形の竪穴式石室が構築され、壺棺が埋納されていた。大正年間に墳丘中央部以南が鉄道敷設に伴い削平されており、本来の形態は双方中円墳であった可能性も指摘される。積石墓発生以来、継続的に墳墓が構築されている点で貴重な遺跡といえる。

恵解山古墳群
<small>え げ やま</small>

＊徳島市：眉山南麓の尾根上、標高約20〜40m に位置　時代 古墳時代中期

　宅地造成に伴って、1964、65、67年に総数10基の円墳の発掘調査が行われた。特に、2号墳は直径25m、高さ4mで2基の箱式石棺が認められ、東棺には鼉龍鏡、勾玉、ガラス小玉、滑石製臼玉、竹製漆塗櫛、鉄刀、鉄剣、刀子とともに老年女性の人骨が、西棺には琴柱形石製品、管玉、竹製漆塗櫛、鹿骨装鉄剣、刀子、副室には短甲、衝角付冑、鉄刀、鉄剣、鉄鎌、鉄斧、鉄鏃などが副葬された老年男性人骨が出土した。石棺内部は朱が施され、8号墳、9号墳など2基の埋葬施設が認められるといった共通性が認められるほか、副葬品の組合せは在地性の高い内容を示すものとして評価されている。

段ノ塚穴古墳
<small>だん の つかあな</small>

＊美馬市：吉野川北岸の河岸段丘上の先端部、標高約70m に位置　時代 古墳時代後期　史

　江戸時代より存在が知られ、1922年に『人類学雑誌』に笠井新也が「段の塚穴」として紹介したのが嚆矢とされる。東側の太鼓塚と西側の棚塚か

らなり、太鼓塚は四国最大級の横穴式石室を有する古墳として著名である。太鼓塚は東西径37m、南北径33m、高さ10mの円墳で、石室は南に開口し、全長13.1m、高さ4.25mを呈する。石材は緑泥片岩で一部砂岩を用いる。平積みで石材をもち送り状にし、玄室の中央をドーム状に形成する。平面形は太鼓状のふくらみを呈し、羨道はバチ形に開く。西の棚塚は直径20m、高さ7mで、南に開口する横穴式石室である。形状は羽子板状で、全長8.65m、高さ2.8m。奥壁に石棚を付設する。石室内からの出土品はいずれも認められていないが、1951年に太鼓塚西側の墳丘裾から大量の須恵器、土師器、馬具、埴輪が出土している。いわゆる「段ノ塚穴型石室」として、吉野川左岸、美馬郡を中心に同様の形態の石室が認められており、当地の古代豪族の関係をとらえるうえで、重要な古墳といえる。

郡里廃寺跡
こおざとはいじあと

＊美馬市：吉野川北岸の扇状地上、標高約70mに位置　時代 飛鳥時代後期　史

　1967年、68年に石田茂作を中心に発掘調査が実施され、塔、金堂跡が検出され、法起寺式の伽藍配置の寺院跡と評価された。寺域は東西96m、南北120mで、創建時には土塁をめぐらせていた。塔は一辺40尺（約12m）、心柱の痕跡も認められ、断面八角形を呈していた。心礎は地下式で、砂岩製である。金堂は東西60尺（約18m）、南北50尺（約15m）で、基壇は後の開墾で削られている。瓦には、有稜素弁八葉蓮華文軒丸瓦、波文帯単弁十二葉蓮華文軒丸瓦、扁行唐草文軒平瓦やヘラ描きの絵の施された瓦などが出土した。阿波国では最古級の寺院跡であり、また心柱や地下式心礎など地方寺院としては、その規模も大きく、当時の豪族の活動をうかがわせる遺跡である。

阿波国分尼寺跡
あわこくぶんにじあと

＊名西郡石井町：鮎喰川左岸、気延山東麓、標高約10mに位置　時代 奈良時代　史

　1970年に宅地開発に際して礎石、重圏文軒丸瓦、重弧文軒平瓦などが発見され、1970年、71年に発掘調査が行われた。寺域は約158m四方で、伽藍の中心軸は真北から西へ11度振れる。条里の地割りと一致し、その線上に金堂跡や北門が位置する。遺物は瓦のほか、土師器、須恵器、緑釉陶器、青磁、白磁などで、創建時のものよりも平安期の遺物がよく認められる。こうしたことから、寺院としての存続期間が短かった可能性も指摘されている。なお、本遺跡から南へ2kmほどのところに、阿波国分寺跡（徳島市）の寺域が確認されているが、伽藍配置については依然として不明である。また、観音寺・敷地遺跡は国府跡として注目されている。

I　歴史の文化編　17

国宝 / 重要文化財

鯨船千山丸

地域の特性

　四国地方の東部に位置し、東側は紀伊水道、南側は太平洋に面している。県北部を東西に走る中央構造線をはさんで、北側に讃岐山脈、南側に四国山地、剣山地がそれぞれ東西にのびている。中央構造線に沿って吉野川が西から東へと流れ、中下流域で徳島平野が広がっている。平地は乏しく、県域のほとんどを山地が占めている。藍、タバコ、塩の三大特産物を背景に、城下町徳島は四国最大の都市として栄えた。しかし化学染料の出現や近代工業化の遅れにより、経済力が衰退した。県東部の臨海地帯では軽工業を主体とする工業化が進み、その一方で、阪神市場向けの近郊農業が盛んである。県西部は他地域から隔絶して自給的性格が強く、人口が流出して過疎が深刻化している。太平洋沿岸の県南部では、かつて遠洋・出稼漁業が盛んであったが、現在は沿海漁業や遊漁業が主流となっている。

　畿内と西国を結ぶ山陽道に対して、裏街道のような役割を果たした。源平争乱時に源義経は小松島に上陸し、大坂峠を越えて屋島に向かい、平氏を破った。南北朝時代には、剣山北麓の南朝方の山岳武士の奮闘により、南朝は吉野から九州の阿蘇菊池氏へ連絡を取れたといわれている。鎌倉時代に小笠原氏、室町時代に細川氏が勢力を伸ばした。戦国時代には土佐の長宗我部元親が侵入したが、豊臣秀吉が四国へ出兵して長宗我部氏を破り、秀吉の家臣蜂須賀氏が新しい領主となった。蜂須賀氏は徳島に城を築き、江戸時代には徳島藩25万7,000石の藩主となった。明治維新の廃藩置県後に名東県が設置され、香川県と淡路島も含まれた。1875年に香川県が再設置された。1876年に名東県が廃止されて高知県に併合され、淡路島は兵庫県に編入された。1880年に高知県から現在の徳島県が分離された。

国宝 / 重要文化財の特色

　美術工芸品の国宝はなく、重要文化財は29件である。建造物の国宝も

18　　凡例　●：国宝、◎：重要文化財

なく、重要文化財は18件である。戦国時代に侵攻した長宗我部元親が、雲辺寺を除いて、すべての寺を焼き払ったといわれている。その真偽はともかく、江戸時代よりもさかのぼる古い寺院建築はほとんど残っていない。室町・戦国時代の武将である細川成之と蜂須賀家政の庇護を受けた丈六寺に文化財が多い。

◎銅鐸　板野町の徳島県立埋蔵文化財総合センターで収蔵・展示。弥生時代後期の考古資料。徳島市国府町矢野遺跡から出土した大型の銅鐸で、高さ97.8cm、重さ17.5kgある。上部に突線のある扁平な紐、胴部に僧侶が着る袈裟のような帯文様があることから、突線袈裟襷文銅鐸と呼ばれている。国道建設に伴う発掘調査が1992年から始まり、調査の結果、木製容器に入れられた銅鐸が集落の中で埋納され、さらにその上に簡単な構造の屋根がかけられていたことが判明した。同センター内で銅鐸の出土状態が復元展示されている。銅鐸上部の紐には、円形渦巻文様を2個組み合わせた飾耳が3組あり、紐に連なる胴部両側の突出した鰭に、半円形文様を2個一対にした飾耳が左右それぞれに3組ある。胴部は、細い斜格子文様の施された4本の横帯と3本の縦帯によって、6区画の袈裟襷文を構成する。区画された部分に文様や絵画はない。袈裟襷文の下には、横に鋸歯文帯が回る。もともと銅鐸は小型で、内部に舌という棒をつり下げ、内側の突帯に舌を叩きつけて音を鳴らす農耕用の祭器と考えられている。しかし矢野遺跡の銅鐸には、内側の突帯に叩いた痕跡が見つからない。時代が下って銅鐸が大型化し、装飾性も増して、鳴らすのではなく、見るための祭器に変化したと推測されている。

◎徳島藩御召鯨船千山丸　徳島市の徳島城博物館で収蔵・展示。江戸時代後期の歴史資料。藩主専用に1857年に建造された和船である。車輸送のなかった江戸時代に、海上船舶は重要な交通手段で、九州や瀬戸内の諸藩は多数の船舶を所有していた。千山丸は大名が使用した現存唯一の船で、本来は捕鯨用の鯨船という小型船である。鯨船は、船首が鋭角的で波に強く、8人で漕ぐ8挺櫓の快速船だったため、各藩の水軍に採用され、参勤交代の際に伝令、指揮、連絡など多目的に利用された。旧徳島藩には6艘前後の鯨船があった。千山丸は総長10.44m、幅2.77mあり、豪華な装飾が施されているのが特徴である。船首の水押の両側に竜の浮彫装飾があり、両舷は金箔押地と群青色地に塗り分けられて、軍配団扇、羽団扇など華麗な団扇の彩色図が並ぶ。近代に

Ⅰ　歴史の文化編　19

なって洋船が主流となると、和船は急速に姿を消した。千山丸は船舶史上貴重であるだけでなく、強力だった阿波森氏水軍の遺品でもある。

◎**丈六寺** 徳島市にある。室町時代後期から江戸時代前期の寺院。丈六寺は、細川成之によって曹洞宗の禅宗寺院として1492年に再興され、7堂伽藍が整備された。三門、僧堂、本堂、徳雲院が回廊で結ばれ、庫裏、書院、経蔵、観音堂の諸堂がある。三門は、室町時代末期に細川真之による伽藍造営の時に建てられたとされる。入母屋造の2階建二重門で3間3戸、上下端部を丸く細めた粽柱の円柱が礎盤の上に立つ。柱間は、両側面の前側1間を壁とする以外は吹き放しで、扉もなく開放されている。2階の柱間は1階よりもせばめ、高欄付きの回り縁と、正面に花頭窓が設けられている。内部には須弥壇があり羅漢像を安置しているという。小型ながらも中世末期の禅宗三門の形態を留めている。観音堂は1648年に建てられた方1間の裳階付き禅宗仏殿で、寄棟造の本瓦葺である。裳階は正面3間、側面4間である。正面の中央柱間に両開きの桟唐戸があり、戸の上方に蓮華唐草文様の彫刻がはめられている。内部は、中央方1間に板張り床の内陣があり、丈六の像高310.6cmの大きな聖観音坐像が安置されている。

◎**箸蔵寺** 三好市にある。江戸時代末期の寺院。箸蔵寺は標高600mの山中に位置し、仁王門、方丈(本坊)、護摩殿、鐘楼堂、薬師堂、天神社本殿、観音堂、本殿などの諸堂が点在している。1826年の大火で全山焼失後、再建された。真言宗の寺院であるが、江戸時代に香川県金刀比羅宮の奥の院として信仰を集め、再建された建物にも神仏習合の息吹が強く残っている。本殿は山頂付近の傾斜地に建ち奥殿、内陣、外陣からなる大型の複合建築で、本殿・石の間・拝殿で構成される神社の権現造を連想させる。正面3間、背面4間、側面6間の入母屋造の奥殿と、桁行5間、梁間4間の入母屋造の外陣との間を、桁行3間、梁間4間の切妻造、妻入りの内陣がつなぐ。屋根はきわめて複雑な形状を見せ、奥殿の入母屋造の正面に千鳥破風と軒唐破風、中間の切妻造の屋根左右に庇、外陣の入母屋造の屋根前後に千鳥破風と前面の向拝に軒唐破風を付ける。そして木鼻や尾垂木、向拝の手挟などの細部には丸彫、籠彫、浮彫などさまざまな技法を駆使した彫刻が所狭しと施され、江戸時代末期の巧緻な装飾性を示している。複雑な構成に緻密な造形美を重ね合わせた豪壮で特異な建造物である。護摩殿は本殿を小規模にしたものである。方丈は細長

い入母屋造の建物で、中央に唐破風の屋根と彫刻で装飾された大きな玄関がある。

◎福永家住宅

鳴門市にある。江戸時代後期の民家。徳島の主要産業の一つだった製塩業を営んだ民家で、1828〜33年に建てられた。小鳴門海峡のほとりに位置し、東西にのびた敷地内に北西部を居住区、南東部を製塩場とし、敷地北側に入浜塩田跡が広がる。製塩場には鹹水溜、釜屋、塩納屋、薪納屋、居住区には主屋、離座敷、土蔵、納屋がある。海水よりも塩分濃度の高い鹹水を塩田で採取し、鹹水溜に貯蔵する。鹹水溜は長さ13.2m、幅4.98m、深さ2.4mで、内面を粘土で築き地表からは石垣積みにして、上部に小屋を組んで茅葺の屋根で覆っている。地下に埋設した木製の管で鹹水を隣接する釜屋に送水し、釜屋で鹹水を煮詰めて塩を製造した。釜屋は桁行11.8m、梁間9mの寄棟造で、外部に煙突が立つ。石釜という特殊な鍋をつくって中に鹹水を入れ、竈の上に石釜をおいて薪で焚く。ドロドロになった鹹水からニガリを分離して1昼夜乾燥させ、塩納屋に収納してさらに乾燥させるという製造工程だった。19世紀後半に石釜に代わって欧米式の鉄釜が導入され、1939年には合同塩業組合の製塩工場が完成して、煮沸用の釜屋は無用となった。1970年代にイオン交換膜と電気エネルギーを利用した製塩法が確立すると、広大な塩田も不要となり、畑や住宅地へ変わっていった。今では廃れてしまった塩田による製塩方法を伝える貴重な施設である。

◎田中家住宅

石井町にある。江戸時代末期の民家。徳島の特産だった藍の製造販売を営んだ藍商の家で、1859年から建て始め、土台の石垣に約20年、家屋に約30年かかって完成した。主屋のほかに、葉藍を貯蔵した藍納屋、葉藍を発酵させて蒅を製造した藍寝床、休憩場所の番屋など、藍製造の建物が並ぶ。主屋は桁行16.7m、梁間12.0mの寄棟造で、内部は6間取りである。葦葺の屋根は、木を組み合わせておいてあるだけで、もしも洪水で水位が高くなると、葦屋根を切り離して屋根にまたがり、救命ボートの役割を果たすようになっているという。北側を流れる吉野川がたびたび氾濫したからである。20世紀になって化学染料の普及とともに藍の製造は衰退した。

Ⅰ　歴史の文化編　　21

☞ そのほかの主な国宝 / 重要文化財一覧

	時 代	種 別	名 称	保管・所有
1	弥 生	考古資料	◎流水文銅鐸	徳島県立博物館
2	飛鳥〜平安	考古資料	◎観音寺・敷地遺跡出土品	徳島県立埋蔵文化財総合センター
3	平 安	彫 刻	◎木造釈迦如来坐像	藤井寺
4	平 安	彫 刻	◎木造十一面観音立像	井戸寺
5	平 安	彫 刻	◎木造千手観音坐像（経尋作）	雲辺寺
6	平 安	彫 刻	◎木造毘沙門天立像	最明寺
7	平 安	彫 刻	◎木造薬師如来坐像	童学寺
8	平 安	彫 刻	◎木造地蔵菩薩立像	鶴林寺
9	平 安	彫 刻	◎木造弥勒菩薩坐像	東林院
10	平 安	彫 刻	◎木造大己貴命立像	八鉾神社
11	平 安	古文書	◎紙本墨書二品家政所下文	八鉾神社
12	平 安	考古資料	◎銅経筒	大山寺
13	鎌 倉	彫 刻	◎木造如意輪観音坐像	如意輪寺
14	鎌 倉	彫 刻	◎木造地蔵菩薩半跏像	東照寺
15	室 町	絵 画	◎絹本著色細川成之像	丈六寺
16	朝鮮／高麗	絵 画	◎絹本著色楊柳観音像	長楽寺
17	桃 山	神 社	◎宇志比古神社本殿	宇志比古神社
18	江戸前期	寺 院	◎切幡寺大塔	切幡寺
19	江戸前期	神 社	◎一宮神社本殿	一宮神社
20	江戸前期	民 家	◎三木家住宅（美馬市木屋平）	―
21	江戸中期	民 家	◎粟飯原家住宅（名西郡神山町）	―
22	江戸中期	民 家	◎旧長岡家住宅（美馬市脇町）	脇町
23	江戸中期	民 家	◎田中家住宅（勝浦郡上勝町）	―
24	江戸中期	民 家	◎木村家住宅（三好郡東祖谷山村）	―
25	昭 和	住 居	◎三河家住宅	徳島市

徳島城鷲の門

城 郭

地域の特色

　徳島県は阿波国である。吉野川と那賀川が東西に流れ、山間部の河岸段丘上に平野を形成する。徳島平野は紀伊水道に面し、畿内への入口をおさえ、いくたの古城址が存在する。鉄倉期には佐々木氏が鳥坂城を守護所とした。後に守護となった小笠原長清は勝瑞城・大西城、子の長房は岩倉城を守護所とし、その一族は一宮大栗城、重清城、坂東城などにあった。

　南北朝期から室町期は細川氏が守護となり、頼長の代には井上泉館、頼春は吉野川下流の平地にある勝端城を守護所とした。守護としては初期の細川和氏が四国の幕府方の要として秋月城を守護所としたこともあった。秋月城は県西の山間部の交通要衝の地にあった。戦国期の著名な城郭に篠原氏の木津城、矢野氏の矢野城、三好氏の岩倉城、十河氏の矢上城、一宮氏の夷山城、東条氏の木津城がある。

　畿内も勢力下とした三好氏支配の後、長宗我部元親の阿波侵攻が始まり、海部城、牟岐城、日和佐城、由岐坂、桑野城などが陥落した。元親は四国制覇の本拠として、さらに羽柴秀吉の四国出兵に対するため、四カ国国境近い白地城を取り立てた。元親は牛岐城に香宗我部親泰、一宮城に江村親俊、一宮南城に谷忠澄、岩倉城に長宗我部掃部頭、渭山城に吉田氏、木津城に東条氏を配し阿波を固めた。

　羽柴秀吉の四国出兵で阿波一国は、蜂須賀家政が領することになり、家政は一宮城に入った。一宮城は四国を代表する戦国期の山城で、標高144mの山頂に本丸を構え、明神丸・才蔵丸が連なりいずれも石垣で固められる。北は鮎喰川、東に船戸川と園部川が流れ天然の要害地である。しかし一宮城は険峻な山城で、阿波一国の府城としては城下町ができない。かくして吉野川河口近く、助任川と寺島川に挟まれる中州渭津山が聳える地に城と城下町の経営を行う事として着工。天正14 (1586) 年に一応竣工し徳島城と称した。天守に相当する御三階櫓が東二の丸にあがった。

Ⅰ　歴史の文化編

主な城

大西城　別名 池田城　所在 三好市池田町ウエノ　遺構 石垣

承久の乱（1221）に阿波守護となった信濃の小笠原長清が城を築き、ここを本拠とした。南北朝動乱に足利氏は細川和氏を阿波守護として派遣、小笠原氏は南朝に味方して対抗したが、やがて時の流れに抗し得ず、細川氏被官となった。この頃、小笠原長隆の外孫義長が長隆の養子となり、後に三好氏と改め勝瑞城に移ったため、城は白地城主大西氏の支配下に入った。蜂須賀氏の阿波領有後は、牛田一長、中村重勝を城番として入城、一国一城令まで阿波の支城網である阿波九城の一つであった。

大西城は、吉野川南岸の細長い段丘上に築かれている。城跡は市街地化が進みほとんど遺構はみられないが、かつては池田幼稚園西側と諏訪神社西側に、南北に堀が存在していたという。幼稚園舎の下には、蜂須賀氏により築かれたとみられる石垣が残っている。

一宮城　別名 阿波一宮城　所在 徳島市一宮町　遺構 石垣、土塁、堀、井戸

阿波守護小笠原長房の子長久（長房の子ともいう）の4男長宗が延元3（1338）年に築いた標高144m、比高120mの山城である。

一宮城は、南朝方の拠点として北朝方の細川氏と戦うが、のち細川氏の持城となって戦国時代を迎えた。戦国時代の阿波は、三好氏が実権を握っていたが、三好義頼の妹を妻としていた一宮（小笠原）成祐は、三好家臣団中でも有力な地位にあった。天正4（1576）年には細川真之に与して三好氏との攻防を繰り返すが、土佐の長宗我部元親とも通じていた。天正10（1582）年、阿波を占拠した元親によって成祐は謀殺され、長宗我部氏の拠点となり、羽柴秀吉の四国平定に対抗したが降伏。蜂須賀家政が入国すると最初の居城となり、徳島築城後は阿波九城の一つとして石垣を築くなど改修するが、寛永15（1638）年一国一城令の強化により廃城となった。

勝瑞城　別名 阿波屋形　勝瑞屋形　所在 板野郡藍住町勝瑞　遺構 土塁、堀　史跡 国指定史跡

室町時代、阿波国守護所は勝瑞に置かれていた。吉野川の本支流に囲まれた微高地上、東西2km南北1.5kmの範囲内に勝瑞城をはじめ守護所、

武家屋敷、寺社、市、町屋などが形成され繁栄していた。貞治2（正平18
(1363)）年、細川頼之が守護所を置いて以来、細川氏や三好氏の守護所と
して、阿波の興亡の中心となっていた。天正10（1582）年、長宗我部元親
が来攻し中富川合戦で三好氏が大敗すると廃城となった。

　現在、江戸時代に移転してきた見性寺となっている勝瑞城は、発掘調査
により中富川合戦時に築かれた守護館は別の所と判明した。城跡西方で三
好氏時代の守護館が確認され、勝瑞城館跡として国史跡に指定される。

海部城 （かいふ）　**別名** 鞆城　**所在** 海部郡海陽町　**遺構** 石垣、土塁

　海部川の河口に位置して三方水に囲まれた要害である。海部友光が元亀
2（1571）年に築城、天正3（1575）年長宗我部元親が攻略して弟の親泰を入
れた。天正13（1585）年豊臣秀吉の四国平定により蜂須賀家政が阿波国に
入り、阿波九城の一つとして、中村重友が城番として城の修築を行った。
その後、城代は益田一政に代わるが、正保3（1646）年その子長行の背信に
より益田氏は断絶となる。寛永15（1638）年に他の九城と同じく海部城を
廃城とした。だが、土佐に近い海岸防御の必要から、この地には文化4（1807）
年まで海部郡代役所が置かれていた。

徳島城 （とくしま）　**別名** 渭山城、渭津城　**所在** 徳島市徳島町城内　**遺構** 石垣、堀、鷲の門（復元）、庭園　**史跡** 国指定史跡

　この地は古く名東郡富田庄に属し、鎌倉時代は伊予の河野氏が地頭とし
て支配していた。貞治3（1364）年、四国にあった南朝方の勢力を討った細
川頼之は、僧中津を伴ってここを訪れ、風光の美しさが中国の渭水に似て
いるところから渭津と称し、現城址の城山に小城を築いて三島下記を在城
させた。渭山（いのやま）、渭水の名はここから起こった。その後、しばしば地方豪族
の拠る所となり、永禄年間（1558～70）、山上の渭山城に森高次、麓の中
州にある寺島城に福良吉武の存在が知られている。天正10（1582）年、長
宗我部元親が阿波を平定すると、渭山城に吉田孫左衛門を入れた。豊臣秀
吉は四国出兵の後、蜂須賀家政に阿波一宮城を与えたが、秀吉はすぐに徳
島築城に着手させた。秀吉の命である。従来の渭山、寺島の2城を併合す
る大規模なもので、縄張は武市信昆、林能勝（のぶよし）といわれる。普請は小早川隆景、
長宗我部元親、比叡山の僧徒らに助力させ、期限は600余日と定められた。
コの字形の堀川と寺島川を内堀とし、助任川、福島川、新町川を外堀に利

用し、さらにその外側に園瀬川、勝浦川が控えていた。内堀の中は、高さ約10ｍの石垣の本丸、その西に二の丸、三の丸を階段状に配し、壮大な建物と多くの櫓、倉庫、塀があった。城下は御山下ともいわれ、徳島、寺島を内郭とし、地切島、藤五郎島、出来島、瓢箪島、堂三島を加えて城下をなす中州を阿波の七島といった。天正14（1586）年7月、城は完成し、盆の日に祝賀会を行っている。現在、城跡には鷲の門が建っている。徳島城の大手筋に建てられた薬医門で、明治の廃城の際に残されていたが、戦災で焼失。平成元（1989）年に篤志家の寄付により復原された（位置が若干異なる）。表御殿は上田宗箇の作庭と伝わる庭園のみ残存していたが、平成4（1992）年に表御殿を模した徳島城博物館が開館し、往時の面影を偲ばせている。

撫養城　別名 林崎城、岡崎城　所在 鳴門市撫養町林崎　遺構 石垣

天正以前、小笠原将監が居城し、後に三好氏の家臣四宮氏に譲ったと伝える。長宗我部元親が阿波を制圧すると、真下飛騨守を守将とした。天正13（1585）年、豊臣秀吉の四国平定後、蜂須賀氏が阿波を領有すると鳴門海峡を眼下に望むこの城を支城として、益田正忠を城将に兵300を備えて阿波東北の押さえとしていた。その後、豊正、正長に受け継がれたが、一国一城令によって寛永15（1638）年廃城となった。阿波九城の一つであった。現在、模擬天守が建つが本来、天守はなかった。

脇城　別名 虎伏城　所在 美馬市脇町　遺構 石垣、土塁、井戸

室町末期、三好長慶の築城により、天文2（1533）年より三好氏の将三河守兼則、弘治2（1556）年以降、甲斐武田の一族、武田信顕が守ったと伝える。天正10（1582）年長宗我部元親の攻撃により落城。長宗我部親吉が入るが、天正13（1585）年蜂須賀家政が入国し、筆頭家老の稲田植元が入った。

脇城は西阿波支配の拠点として植元によって全面的に改修された。大坂の陣の功によって蜂須賀氏が淡路一国を加封されると、稲田氏は洲本城代になった。洲本には長子示植を遺し、植元は脇城に残ったが、一国一城令によって廃城となった。しかし、後も稲田氏は1万石の給地の大部分がこの地にあり、麓の猪尻に館を構えてこの地の押さえとしたため、小城下町を形成していた。阿波九城の一つである。「うだつの町並み」として有名。

戦国大名

徳島県の戦国史

 室町時代の徳島県は守護細川氏の領国であった。阿波守護細川成之は応仁の乱では東軍の主力を担うなど、阿波の武士は幕府内で管領細川氏を支える地位にあった。畿内で活躍する守護細川氏に代わって、阿波国内は有力国衆である東条氏や一宮氏が細川家宿老として統治していた。

 その後守護代三好氏が台頭、国衆層はある程度守護からは独立した勢力であるのに対し、三好氏は守護細川氏と密接な関係を築いて対立、文明17年(1485)には東条氏らを降して実権を握った。

 以後、三好氏は畿内にも進出し、細川氏とともに中央政界でも活躍するようになる。大永7年(1527)、細川晴元と三好元長は11代将軍足利義澄の子義維を擁して堺に拠点を置き、堺公方と呼ばれる阿波武士による中央政権が誕生した。この際、三好元長は山城国守護代となっている。堺公方は5年間政権を維持、その後は阿波に戻って子孫は平島公方家となった。

 三好元長は細川晴元の主力として活躍していたが、次第に決別し、天文元年(1532)晴元に攻められて自刃。嫡男長慶は細川氏綱を奉じて晴元を追い、その後は将軍足利義輝のもとで河内国と大和国を平定、さらに畿内一円から阿波・讃岐を支配するなど全盛期を築いた。

 長慶没後、三好氏は畿内を離れて再び阿波をその活躍の舞台とするが、あくまで傀儡の守護細川氏のもとで権力を行使するなど、完全な戦国大名への脱皮はできなかった。天正年間に入ると讃岐国衆が三好氏に叛き、さらに土佐から長宗我部元親が侵攻。長慶の甥で十河氏を継いでいた存保が三好一族を掌握し、織田信長と結んで勢力を立て直したものの、本能寺の変で頼みの織田軍が崩壊。直後に中富川合戦で長宗我部元親に敗れて存保は讃岐に落ち、三好氏による阿波支配が終了した。そして、天正13年(1585)には豊臣秀吉が四国を平定し、蜂須賀家政が入国した。

Ⅰ　歴史の文化編　27

主な戦国大名・国衆

赤沢氏（あかざわ）
阿波国板野郡の国衆。清和源氏小笠原氏の一族で信濃赤沢氏と同族か。戦国時代は三好氏の重臣で、三好実休の姪婿赤沢信濃守宗伝は板西城（板野郡板野町古城）に拠った。天正10年（1582）の長宗我部元親の阿波侵攻の際、宗伝は中富川合戦で先陣をつとめ、一族の鹿之丞とともに討死して落城、滅亡した。

阿佐氏（あさ）
阿波国祖谷の国衆。源平合戦後、平教盛の二男国盛が安徳天皇を奉じて祖谷山に逃れ、のち阿波国三好郡阿佐名（三好市東祖谷阿佐）に住んだと伝える。国盛の長男氏盛は阿佐氏を称し、以後阿波山岳地帯を本拠とする武士団に成長した。戦国時代、阿佐紀伊守は金丸城（三好郡東みよし町）に拠って三好氏に仕えた。江戸時代は阿佐名の名主として蜂須賀家に従い徳島藩郷士となった。

天羽氏（あもう）
阿波国名西郡の天羽城（名西郡石井町）城主。上総天羽氏（あまは）の末裔か。天羽久利が三好長治の招聘で和泉国から阿波国に移り住み、天羽城を築城した。天正10年（1582）長宗我部元親に敗れて落城した。

飯尾氏（いいお）
阿波国麻植郡の国衆・室町幕府奉行人。「いのお」とも読む。三善康信の末裔が鎌倉時代に麻殖荘西方の地頭となって阿波国麻植郡飯尾（吉野川市鴨島町飯尾）を名字の地にしたのが祖。阿波では細川氏・三好氏の被官として活躍した。系図関係は不詳だが、幕府の奉行人にも多くの飯尾氏の名がみえる。戦国時代には飯尾城主に飯尾氏があり、天正年間（1573〜92）の城主飯尾久左衛門・善之丞らは長宗我部氏との戦いで討死、飯尾城も同10年に落城している。

伊沢氏（いざわ）
阿波国阿波郡の国衆。伊沢家景は源頼朝に従って功をあげ、阿波郡伊沢（阿波市）に入部した。室町時代は三好氏に属していたが、天正4年（1576）の三好長治と守護細川真之の合戦では、頼俊は細川氏方に与して長治を自害させたため、翌5年三好氏方の矢野国村によって殺害された。

28

江戸時代は帰農して庄屋となった。

一宮氏〔いちのみや〕 阿波国名西郡の国衆。清和源氏小笠原氏の一族。承久の乱後に長宗が阿波に下向し、阿波一宮の大宮司となって一宮氏を称したという。南北朝時代初期に一宮城（徳島市一宮町）を築城。当初は南朝方に属したが、のちに北朝方に転じ、細川氏の被官となった。戦国時代、成相（成祐）は三好実休の女婿となってその重臣であったが、天正4年（1576）に三好長治と守護細川真之の合戦の際には細川氏方について三好長治を自害させている。その後は長宗我部元親に通じたものの、同10年新開道善とともに元親に謀殺されて滅亡した。

犬伏氏〔いぬぶし〕 阿波国板野郡の国衆。橘姓とも板西城主赤沢氏の一族ともいう。戦国時代は犬伏城（板野郡板野町犬伏）に拠り、三好氏に属した赤沢氏に仕えた。天正10年（1582）中富川合戦では、犬伏左近は赤沢信濃守に従い、長宗我部元親に敗れて討死している。子孫は帰農したという。

麻植氏〔おえ〕 阿波国麻植郡の国衆。阿波忌部氏の末裔。忌部神社大宮司を兼ねた。戦国時代、家賀城（内山城、美馬郡つるぎ町貞光）に拠って細川持隆に仕えた麻植持光が知られる。天文22年（1553）川人備前守に敗れて戦死した。

大西氏〔おおにし〕 阿波の戦国大名。同国三好郡大西村（三好市池田町）発祥で出自は小笠原氏とも近藤氏ともいうが不詳。鎌倉時代に西園寺家から派遣された荘官の末裔といい、白地城（三好市池田町白地）に拠っていた。戦国時代には三好郡内各地に支城を築いて一族を配置し、永禄年間（1558～70）には土佐北部から讃岐国豊田郡、伊予国東部にまで勢力を伸ばした。天正4年（1576）、大西覚養は長宗我部元親に降伏、翌年叛旗を翻したものの敗れて讃岐に逃れ滅亡した。

海部氏〔かいふ〕 阿波国海部郡の国衆。藤原姓。鎌倉末期頃から史上に登場し、一族の僧侶了義は後醍醐天皇に与している。当初は宍喰の祇園山城に拠っていたが、室町時代に持共が吉野城（海部郡海陽町吉野）に移り、さらに

I 歴史の文化編 29

海部城（鞆城、海部町奥浦）に転じて海部氏を称した。細川氏の有力被官で、永正17年（1520）の両細川家の乱には、三好之長とともに畿内に出兵した阿波の国衆のなかに海部氏の名がみえる。戦国時代には阿波南部の有力国人となったが、元亀2年（1571）嵐のため漂着した長宗我部元親の末弟島弥九郎を討ったため、天正5年（1577）元親の侵攻を受けて落城した。

鎌田氏　阿波国名東郡の名東城（徳島市名東町）城主。藤原姓。光久が名東城主となったのが祖。光久は永禄5年（1562）和泉国久米田合戦で討死。子光康は天正7年（1579）の長宗我部元親の阿波侵攻で討死した。その子の光義は名東城の他、日開城の城主も兼ねたが、同10年の中富川の合戦で討死した。

工藤氏　阿波国麻植郡の国衆。藤原南家で、戦国時代に京都から麻植郡に移ったという。工藤甲斐守が西麻植城（吉野川市鴨島町）を築城して拠った他、学城（吉野川市川島町学）には川島伊賀守が拠っていた。天正10年（1582）長宗我部元親に敗れてともに落城した。

西条氏　阿波国板野郡の国衆。宇多源氏で佐々木盛綱の末裔。鎌倉時代、長綱が同郡松島西条荘（板野郡上板町）を領して西条氏を称した。西条城に拠り、南北朝時代以降は細川氏に従った。戦国時代には西城と東城があり、西条氏は西城に拠った。天正10年（1582）中富川の合戦で西条壱岐守が落城して討死。子孫は江戸時代に取り立てられ、大毛島（鳴門市）の土佐泊浦にあった大毛牧の管理をつとめた。

佐野氏　阿波国以西郡の国衆。源姓。佐野須賀城（徳島市国府町佐野塚）に拠った。戦国時代は守護細川氏に属し、天文21年（1552）に細川持隆が三好実休に討たれたのちに家臣の久米義広が挙兵するとこれに従ったが、翌年佐野丹波守は鑓場の合戦で久米義広とともに討死、城も落城した。

篠原氏　阿波国名東郡の国衆。清和源氏小笠原氏の庶流。長房は三好義賢に従い、永禄5年（1562）には和泉国久米田で畠山高政らと戦って敗れ、義賢の討死後逃走。同9年には三好三人衆に呼応して足利義栄を擁し、同

11年義栄を将軍職につけている。織田信長の入京で阿波に戻り、天正元年（1573）細川真之・三好長治に討たれた。その後、一族の自遁は木津城（鳴門市撫養町）に、その子長秀は今切城に拠って三好氏の重臣だったが、天正5年（1577）長秀は細川真之に討たれ、同10年の長宗我部元親との中富川合戦の際、自遁は木津城を明け渡して淡路に逃走し、滅亡した。

新開氏　阿波国海部郡の国衆。秦姓。武蔵国大里郡新戒（埼玉県）出身で、至徳年間（1384〜86）頃新開真行が守護細川頼之の武将として阿波に来国し、牛岐城（阿南市富岡町）に拠ったというがはっきりしない。後、戦国時代まで阿波南部の有力豪族として活躍した。天正8年（1580）新開遠江守道善は長宗我部元親に降ったが、同10年謀叛の疑いで嫡子ともに謀殺され滅亡した。

東条氏　阿波国那賀郡の国衆。桑野城（阿南市桑野町）に拠る。天正3年（1575）に長宗我部元親が阿波南部に侵攻してきた際、東条関之兵衛はいち早く元親に降った。のち木津城（鳴門市撫養町）城主となったが、同13年豊臣秀吉の四国攻めで落城した。また、一族の東条行長は三好氏に仕えて河内国平島城に拠り、のち豊臣秀吉、徳川家康に仕えた。

仁宇氏　阿波国那賀郡の国衆。紀伊湯浅氏の一族という。戦国時代は仁宇城（那賀郡那賀町和食）に拠り、天正5年（1577）阿波に侵攻した長宗我部元親に降った。同13年阿波領主となった蜂須賀家政に抗して仁宇谷一揆を起こし、誅された。

三木氏　阿波国麻植郡の国衆。阿波忌部氏の末裔と伝える。同国麻植郡三木名（美馬市木屋平）の山岳領主で、鎌倉時代後期から活躍した。南北朝時代は阿波山岳武士の頭領として南朝に属し、室町時代は和泉細川氏の被官だった。天正13年（1585）の蜂須賀家政の阿波入国に際しては、三木義村は蜂須賀家政側について、一揆の鎮圧につとめている。江戸時代は帰農して庄屋をつとめた。

三好氏　阿波の戦国大名。清和源氏で、小笠原長清の二男長房が阿波国

I　歴史の文化編　31

三好郡に住んで三好氏を称したのが祖と伝えるが、詳細ははっきりしない。室町時代は阿波守護細川氏のもとで守護代をつとめていた。応仁の乱の際に、三好之長が細川成之に従って従軍したのをきっかけに政治の表舞台に登場、永正3年（1506）には細川澄元の側近として上洛、摂津半国守護代となった。以後、澄元の家宰として幕府内でも大きな権力を振るったが、同17年細川高国に敗れて刑死した。大永7年（1527）には之長の孫の元長が細川晴元を擁して上洛し、足利義維を擁して事実上畿内を制した。元長は山城国守護代となったものの、のち晴元に疎んじられて自刃した。子長慶は摂津守護代となったのち、天文22年（1553）には細川晴元と将軍足利義輝を追放して3度目の幕府実権を握ると、自ら独裁政権を築いた。その分国は山城・丹波・摂津・和泉・淡路・讃岐・阿波の7カ国に及び、四国から畿内にかけての大大名であった。永禄7年（1564）長慶の没後は、三好長逸・三好政康・岩成友道の三好三人衆と家宰の松永久秀が対立、両者が争ううちに織田信長が上洛して没落した。一方、阿波では細川真之が反三好勢力を糾合して三好長治を討ったため阿波三好氏は一旦滅亡。讃岐十河氏の養子となっていた長治の弟の存保を勝瑞城に迎えて存続させたものの、土佐の長宗我部元親の阿波侵攻の前に敗れて天正10年（1582）讃岐に逃れ、完全に滅亡した。

森氏　阿波国板野郡の水軍。天文年間（1532～55）に森志摩守元村が土佐泊城（鳴門市鳴門町土佐泊）を築城、以後ここを根拠として水軍を率い、鳴門付近を支配していた。長宗我部元親の阿波進攻の際に、唯一落城しなかった城として知られる。天正14年（1586）村春は、阿波の領主となった蜂須賀家政の命で椿泊に移り阿波水軍を率いた。江戸時代も引き続き徳島藩の水軍を率いた。

矢野氏　阿波国名東郡の国衆。藤原姓を称す。矢野城（徳島市国府町）に拠り、代々三好氏に従った。天正5年（1577）矢野駿河守国村は板西城（板野郡板野町）城主伊沢越前守頼俊を滅ぼしている。同7年脇城外の合戦で長宗我部元親に敗れて討死した。

名門 / 名家

◎中世の名族

三好氏

阿波の戦国大名。清和源氏で、小笠原長清の二男長房が阿波国三好郡に住んで三好氏を称したのが祖と伝えるが、詳細ははっきりしない。室町時代は阿波守護細川氏の下で守護代をつとめていた。応仁の乱の際に、三好之長が細川成之に従って従軍したのをきっかけに政治の表舞台に登場、1506（永正3）年には細川澄元の側近として上洛、摂津半国守護代となった。以後、澄元の家宰として幕府内でも大きな権力を振るったが、20（同17）年細川高国に敗れて刑死した。

27（大永7）年には之長の孫の元長が細川晴元を擁して上洛し、足利義維を擁して事実上畿内を制した。元長は山城国守護代となったものの、後晴元に疎んじられて自刃した。子長慶は摂津守護代となった後、53（天文22）年には細川晴元と将軍足利義輝を追放して三度目の幕府実権を握ると、みずから独裁政権を築いた。その分国は山城・丹波・摂津・和泉・淡路・讃岐・阿波の七カ国に及び、四国から畿内にかけての大大名であった。

64（永禄7）年長慶の没後は、三好長逸・三好政康・岩成友道の三好三人衆と家宰の松永久秀が対立、両者が争ううちに織田信長が上洛して没落した。

一方、阿波では細川真之が反三好勢力を糾合して三好長治を討ったため阿波三好氏はいったん滅亡。讃岐十河氏の養子となっていた長治の弟の存保を勝瑞城に迎えて存続させたものの、土佐の長宗我部元親の阿波侵攻の前に敗れて82（天正10）年讃岐に逃れ、完全に滅亡した。

I　歴史の文化編　　33

◎近世以降の名家

青木家
美馬郡宮前（美馬市）の豪農。江戸時代に藍の生産で財を成し、維新後は建設業に転じてさらに発展した。1915（大正4）年に建てられた3590平米に及ぶ同家住宅は周囲を高さ2メートルの漆喰で固めた塀で囲まれており、美馬市に寄贈されて国登録有形文化財となっている。

青木家
海部郡牟岐浦（牟岐町）の旧家。桓武平氏で平教盛の末裔とも、土佐一条氏の一族の末裔とも伝える。初代六郎兵衛は牢人だったが2代目七郎兵衛の時に牟岐村庄屋となり、1645（正保2）年牟岐浦沖の大島でのキリシタン制道役を命じられ、また塩懸りの船も改めるよう命じられ、以来大島・出羽島は青木家に扶持として給されたという。6代目の時には士分に取り立てられた。

阿佐家
祖谷の名家。源平合戦後、平教盛の二男国盛が安徳天皇を奉じて祖谷山に逃れ、のち阿波国三好郡阿佐名（三好市東祖谷阿佐）に住んだと伝える。国盛の長男氏盛は阿佐氏を称し、以後阿波山岳地帯を本拠とする武士団に成長した。戦国時代、阿佐紀伊守は金丸城（東みよし町）に拠って三好氏に仕えた。江戸時代は阿佐名の名主として蜂須賀家に従い、徳島藩郷士となった。

足利家
平島公方家。室町幕府11代将軍足利義澄の次男義維が、1534（天文3）年細川持隆に阿波に迎えられて那賀郡平島荘（阿南市那賀川町）に住み、平島公方と称したのが祖。以後土着し、江戸時代には徳島藩士として平島に住んだ。1805（文化2）年九代義根の時に藩の冷遇に耐えかねて藩を去り、京都に移っている。武士の身分を離れていたことから、維新後は士族と認められず平民になっている。

犬伏家
板野郡東中富村（藍住町）の庄屋兼製薬家。板野郡国衆の犬伏氏の末裔とみられ、江戸時代初期頃から庄屋をつとめる一方、製薬を行っていたらしく、江戸時代後期には敬震丹を開発して全盛期を迎えた。現在

は犬伏製薬株式会社となっている。

井上家
（いのうえ）

　勝浦郡小松島（小松島市）で鹿島屋と号した藍商。江戸時代初期の寛文年間頃に初代甚右衛門が創業、2代目の時に駿河国沼津に支店を設けた。5代目は徳島藩だけでなく、多くの大名に大名貸をしていた。江戸時代には辰巳新田の開発も行っている。幕末、三千太は海運事業に乗り出したが、1881（明治14）年持ち船鵬翔丸が八戸で沈没して没落した。

大久保家
（おおくぼ）

　美馬郡半田村（つるぎ町半田）の半田漆器の問屋・豪商。本家は敷地屋と号した商家で、油屋、讃岐屋と号した分家があり油商や質屋を経営していた。1758（宝暦8）年には利兵衛が木ノ内の油免で塗物業を開いて本格的な漆器生産を始めたことから半田は漆器の産地として知られるようになり、1815（文化12）年には陸奥会津から蒔絵師を招いて蒔絵の技術を導入。51（嘉永4）年熊太は藍の豪商志摩利右衛門の援助を得て江戸への販路拡張を達成、53（同6）年には江戸霊岸島富島町（東京都中央区）に敷地屋の支店を設置している。

　また、半田の名産である半田素麺も、一族の長兵衛が分家独立して33（天保4）年に始めたものとされる。

大黒家
（おおぐろ）

　三好郡三名村（三好市山城町）の旧家。嵯峨源氏で渡辺綱の末裔と伝える。建武年間に渡辺武俊が三好郡下名村大黒山に来て大黒源蔵を称し、細川頼春に仕えたのが祖。長宗我部元親の阿波侵攻では武信がその先鋒となり討死した。その後、蜂須賀氏に仕え、江戸時代は三好郡の三名士となった。家禄200石。

海部家
（かいふ）

　阿波の刀工。戦国時代、海部城主海部吉辰の庇護で海部刀を製作していたが、長宗我部元親の阿波侵攻で海部氏が滅亡、一族は四散した。のち一族の氏吉が徳島城下に移住して1660（万治3）年に徳島藩主蜂須賀光隆によって召し出され、以後代々氏吉を称して徳島藩に仕えた。昭和になって11代氏吉の時に廃業した。

賀島家
（かじま）

　徳島藩家老。駿河国富士郡賀島（静岡県富士市）発祥。今川義

Ⅰ　歴史の文化編　　35

元を経て、長重は織田信長に仕えていた。本能寺の変後、長重の子長昌は妻の兄である蜂須賀家政を頼って阿波に移った。その子政慶は徳島藩家老として阿波富岡（阿南市）で1万石を領した。1900（明治33）年政一の時に男爵となる。

久次米家
阿波の藍商を代表する豪商。本来は名東郡北新居村（徳島市）の豪農で9軒の分家があり、本家は1718（享保2）年からは庄屋をつとめ、徳島藩から名字帯刀を許されていた。一方、藍商として活躍、1698（元禄11）年には江戸にも店を構え、3代目市左衛門は紀伊国屋文左衛門の旧屋敷を買い取って材木商にも進出したという。7代目兵次郎は徳島藩の藍方役所勘定役次席・小奉行格となって藩の藍行政そのものにも参加。8代目兵次郎は藩の財政改革の担当者となっている。

1869（明治2）年に継いだ9代目兵次郎義周は、79（同12）年に久次米銀行を設立、三井銀行に次いで全国第2位の資本金を有していた。のち同銀行は東西に分割され、関東を継承した久次米銀行は98（同31）年に破産、関西を継承した新会社は現在の阿波銀行である。

志摩家
名西郡東覚園村（石井町）で島屋と号した藍の豪商。安永年間（1772～1780）に利右衛門（万五郎）は伊勢・尾張に販路を広げ、1806（文化3）年に子勘五郎は京にも藍売場を開いた。その子利右衛門は全国31カ所に売場を広げ、出羽の米沢織の藍染を一手に引き受けている一方、頼三樹三郎ら勤王の志士と交友を持った。維新後は阿波農工銀行の頭取もつとめている。

西野家
阿波藍の豪商。1658（万治元）年に3代六兵衛重徳が下総国千葉郡寒川村（千葉県千葉市中央区）で藍玉販売をしたのが祖。跡を継いだ養子の4代目嘉右衛門が野上屋と号して寒川村に藍店を開店した。7代目嘉右衛門公章は寒川村の店を江戸・小網町に移して江戸の拠点とし、1773（安永2）年には徳島藩の藍方御用達となって名字帯刀を許された。その子8代目右衛門包道は阿波大尽といわれ、吉原の大門を3日閉めて豪遊したと伝えられる。また、8代目の妻の実家が経営していた讃岐琴平の酒店を1800（寛政12）年に買い取り、後清酒「金陵」で知られた。

12代目嘉右衛門弥啓は藩の御用商人として活躍、69（明治2）年には徳島藩会計御用掛、71（同4）年には商法為替掛頭取をつとめた。戦後は高松に本社を置き、酒造・食品卸・化学品製造の西野金陵株式会社となっている。

蜂須賀家
はちすか

徳島藩主。尾張国海部郡蜂須賀（愛知県あま市蜂須賀）の出で、清和源氏斯波氏の一族というが不詳。戦国時代には岩倉織田氏や斎藤道三に仕えていたとされる。正勝は木曽川筋の川並衆を率い織田信長に仕えた。1570（元亀元）年からは豊臣秀吉の家臣となり、85（天正13）年四国攻めの功で阿波一国17万6000石を与えられ、子家政が阿波に入封した。関ヶ原合戦の際、家政は当初石田三成の挙兵に応じたが、長男至鎮が東軍に属して安堵され、大坂の陣後淡路一国を加増されて25万7000石となった。

1884（明治17）年茂韶の時に侯爵となり、貴族院議長、第2次松方内閣文相、枢密顧問官などを歴任。正韶も貴族院議員副議長をつとめた。その長男の正氏は鳥類学者・探検家として著名で、特にドードー鳥の研究で知られる。

坂東家
ばんどう

徳島城下（徳島市）で鈴屋と号した藍の豪商。1771（明和8）年銀三十貫を上納して徳島藩から8人扶持方が与えられ、73（安永2）年には名字帯刀を許された。1800（寛政12）年には板野郡住吉新田（板野郡松茂町）の開発を手掛けている。

吹田家
ふきた

那賀郡富岡（阿南市）で熊野屋と号した豪商。慶長年間（1596〜1615）に紀伊国熊野から移り住んだと伝える。江戸時代は質屋や酒造業を営み、代々茂右衛門か与右衛門を称した。4代与右衛門の時名字帯刀を許されている。

江戸中期以降はしばしば藩からの御用金に応じ、1784（天明4）年には自宅内に藩主が休憩するための本陣を建設、1871（明治4）年まで本陣御用をつとめた。

藤川家
ふじかわ

三好郡三名村（三好市山城町）の旧家。藤原北家で、1349（貞和5）年に阿波国三好郡深間山に来た工藤和泉守祐親が、細川頼春に仕えたのが祖。後藤川氏と改称した。蜂須賀氏の入国後は同氏に仕え、江戸時代

I　歴史の文化編　　37

は三好郡の三名士となった。家禄200石。

三木家

阿波藍の豪商。播磨三木城主だった別所長治の叔父治之の子規治が祖。1580（天正8）年豊臣秀吉によって三木城が落城した際に、規治が阿波国中喜来浦（松茂町）に逃れて帰農し、以後三木氏を称した。

1674（延宝2）年2代目吉太夫が60歳で藍商を創業。三木家中興の祖とされる7代目吉太夫の時に藍商専業となり、1789（寛政元）年には江戸に支店を出して藍屋与吉郎と名乗り豪商となった。9代目与吉郎が1852（嘉永5）年江戸に積み出した藍玉は5080俵にも及び最大の藍商であった。

維新後、11代目与吉郎順治は90（明治23）年の第1回貴族院議員選挙に当選、阿波銀行創立に際しては頭取となった。12代与吉郎康治は阿波製紙を創業。13代目与吉郎は95（同28）年から参議院議員を3期18年間つとめている。現在は14代目で、その弟の俊治は徳島市長を2期つとめた。

南家

美馬郡一宇村（つるぎ町）の旧家。元は小野寺氏を称して、阿波郡柿田荘（阿波市久千田）に住んでいたが、長宗我部元親の阿波侵攻で一宇村に転じたという。蜂須賀家政が阿波に入国した際に起きた祖谷山一揆の際、源六・六郎三郎の兄弟が鎮圧に功をあげ、以後源六は南家、六郎三郎は北家を称した。

森家

徳島城下（徳島市）で島屋と号した藍の豪商。1600（慶長5）年森庄左衛門が土佐国から阿波国小松島（小松島市）に移住。62（寛文2）年孫の安兵衛が分家、翌年阿波藍と肥料取扱を始めたのが祖。88（元禄元）年に徳島城下に進出、以後島屋と号した。幕末の6代目六兵衛が事業を拡大、1853（嘉永6）年には江戸に店を出した。その後は醤油醸造も始め、87（明治20）年には宮内省御用達となっている。1916（大正5）年株式会社森六に改組。

吉田家

美馬郡脇町（美馬市脇町）で佐川屋と号した豪商。代々直兵衛を称したことから「佐直」といわれた。1792（寛政4）年に創業、藍染の原料である蒅を扱って豪商となった。江戸時代中期から後期にかけて建てられた同家住宅は美馬市指定文化財として公開されている。

博物館

徳島県立阿波十郎兵衛屋敷
〈人形浄瑠璃の上演〉

地域の特色

　徳島県は、四国の東側に位置し、紀伊水道で海に面している。8市15町1村で、県人口はおよそ71万人（2021（令和3）年9月現在）。県面積のおよそ8割は山地で、四国山地の東部にあたり、県内で最も高い山は四国第2の高さを誇る剣山である。その北方を流れる吉野川は大歩危・小歩危の渓谷を下った後、東に流れを変え、徳島平野をつくっている。古代、吉野川流域に粟がよく実ったので粟の国と呼ばれ、南の地域は長の国と呼ばれた。後にこれらの国を併せて阿波の国と呼ぶようになった。県域には先史時代から人が住み、中世には細川氏、三好氏、長宗我部氏などが支配した。江戸時代には蜂須賀氏が阿波国徳島藩を治め、この時代に木綿の染料として阿波藍が全国に売られた。また地域文化として、阿波おどりの他、人形芝居である阿波人形浄瑠璃が県内各地で伝承され、幕末期から神社の境内に農村舞台が建てられてきた。博物館は徳島市を中心とした徳島平野周辺に集中するが、各地に地域の歴史、文化、自然を扱った博物館がある。なかでも阿波人形浄瑠璃や阿波藍に関する資料は地域の歴史文化を伝える多くの博物館で扱っている。また、県内の博物館が相互協力して振興をはかる組織、徳島県博物館協議会には48館が加盟している。

主な博物館

徳島県立博物館・徳島県立鳥居龍蔵記念博物館　徳島市八万町向寺山

　考古、歴史、民俗、美術工芸の人文科学と、動物、植物、地学の自然科学を扱う総合博物館。図書館や文書館など各種の文化施設が集まる徳島県文化の森総合公園内にある。県内の自然や文化に関する資料を50万点以上収蔵し、調査研究と各種事業を行っている。常設展示は「徳島まるづかみ！—"いのち"と"とき"のモノ語り」をテーマに、豊富な資料や映像コンテ

Ⅰ　歴史の文化編　　39

ンツを用いて、徳島の自然と歴史・文化を総合的に紹介している。企画展や特別陳列も開催する。体験学習や歴史散歩など年間約70回もの催しを行うほか、学校などへの講師派遣、資料貸し出しなども行っている。友の会もある。同じ建物内にある鳥居龍蔵記念博物館は、明治から昭和にかけて人類学・考古学・民族学の分野で活躍した鳥居龍蔵の業績を伝える博物館で、東アジアや国内での調査、その生涯を紹介するほか、中学・高校生の自主研究の発表の場となる文化歴史フォーラムなどを開催している。

徳島市立徳島城博物館　徳島市徳島町城内

　徳島藩と蜂須賀家に関する資料の収集保存、調査研究と展示や教育事業を行う博物館。徳島中央公園にあり、名勝旧徳島城表御殿庭園に隣接する。紫糸威大鎧など徳島藩主所用の甲冑、書画、古文書、工芸品などの資料を収蔵し、常設展示では重要文化財で現存する最古の和船「徳島藩御召鯨船千山丸」をはじめ数多くの資料、模型、写真などを展示している。寄席や能などの公演やお茶会、連続講座、子ども向けのイベント、学校団体向けの体験学習事業など、多彩な教育事業も展開している。

鳴門市ドイツ館・鳴門市賀川豊彦記念館　鳴門市大麻町桧字東山田

　第一次世界大戦中にドイツ兵捕虜を収容した坂東俘虜収容所。ここでは捕虜の自主的な活動を認め、地元住民との交流も行われていた。ドイツ館は収容所跡地のあるドイツ村公園にあり、収容所での活動や住民の交流の様子を展示している。アジアで初のベートーベンの交響曲第九番のコンサートの様子を紹介する第九シアターが見どころ。同公園内にある鳴門市賀川豊彦記念館は明治から昭和にかけて活躍した社会運動家賀川豊彦の記念館で、県内の有志が結集し全国からの寄付金で建設された。生い立ちから徳島との関わり、活動の様子を直筆原稿や著書を交えて紹介している。

松茂町歴史民俗資料館・人形浄瑠璃芝居資料館

板野郡松茂町広島字四番越

　松茂町の歴史・民俗と人形浄瑠璃をテーマにした資料館。展示では「水とたたかう松茂の人々」と題して先人たちの苦労と発展、木綿の染料として全国で販売された阿波藍、民衆がこよなく愛した伝統芸能「阿波の人形

浄瑠璃芝居」などを、豊富な資料と写真、模型などで紹介している。

藍の館　板野郡藍住町徳命字前須西

　藍の専門博物館。江戸時代から明治にかけて大藍商として発展した奥村家の旧屋敷をそのまま資料館として利用し、奥村家文書・藍関係民俗資料を所蔵している。展示室では阿波藍の歴史や製法を詳しく紹介しており、阿波藍の栽培や加工に使われた道具、藍染の行程の24場面を再現したミニチュア、藍商の経営史料、奥村家美術品などを展示している。実際に昔ながらの藍汁を使った藍染体験もできる。

徳島県立文学書道館（言の葉ミュージアム）　徳島市中前川町

　文学館と書道美術館を複合した施設で、徳島ゆかりの文学や書道の資料を収集保存し、調査や展示などを行っている。常設展示室は文学と書道美術の他、瀬戸内寂聴記念室、収蔵展示室がある。ロビーコンサートや朗読、講座、俳句教室などの催しを行っている。友の会もある。

徳島県立阿波十郎兵衛屋敷　徳島市川内町宮島本浦

　徳島が誇る伝統芸能である阿波人形浄瑠璃の特色を伝える拠点施設。阿波十郎兵衛屋敷は人形浄瑠璃「傾城阿波の鳴門」に登場する板東十郎兵衛の屋敷跡である。人形浄瑠璃の魅力を紹介する展示の他、1日2回の定期上演を実施している。県内外の出張公演や農村舞台保存活動の支援なども行っている。

徳島市立考古資料館　徳島市国府町西矢野字奥谷

　徳島市内で発掘された縄文時代から平安時代の考古資料を収蔵、保管し、展示する資料館。市内の遺跡からの出土品や模型など約700点を展示し、企画展なども開催している。遺跡へ繰り出す講座、体験型の講座などユニークな連続講座や学校への授業、ガイドや調査などのボランティアなどさまざまな教育活動も展開している。

とくしま動物園　徳島市渋野町入道

　動物園、植物園、遊園地によって構成される徳島市総合動植物公園に所

Ⅰ　歴史の文化編　　41

在する。温帯区、熱帯区、サバンナ区、寒帯区、こども動物園の五つのエリアで動物を展示する。餌やりやふれあい、サマースクールなどさまざまなイベントを開催している。

東みよし町立歴史民俗資料館　三好郡東みよし町中庄

　遺跡、古墳、条里遺構など地域にある豊富な遺産や民具、農具などの資料を扱う資料館。加茂谷川岩陰遺跡群から出土した縄文式土器をはじめとした考古学資料約3,500点、人形浄瑠璃などの資料や生活用具などの民俗資料など約800点を展示するほか、特別展や教育事業も行っている。

徳島県立あすたむらんど（あすたむらんど徳島）子ども科学館

板野郡板野町那東字キビガ谷

　科学と自然にふれる大型公園、あすたむらんど徳島にある科学館。「科学技術と自然環境の調和」を共通テーマに「宇宙と地球」「生命と環境」「科学技術と人間」のテーマに沿ったおよそ120種類の体験型展示がある。サイエンスショーなどの催しも開催している。プラネタリウムは20メートルのドームに世界一の明るさといわれる投影機を誇る。

日和佐ウミガメ博物館カレッタ　海部郡美波町大浜海岸

　アカウミガメが産卵に来る日和佐の大浜海岸にある、ウミガメ専門の博物館。ウミガメの保護や生態調査を中心としながら教育活動を行っている。子ガメを含む生きたウミガメの展示の他、剥製やクイズ、映像などの展示、餌やり解説やふれあい体験などのイベントがあり、カメの進化や生態などを楽しく学ぶことができる。

海陽町立博物館　海部郡海陽町四方原字杉谷

　文化館、工芸館などの複合文化施設、阿波海南文化村にあり、海陽の郷土の文化遺産を知ってもらうために開館した博物館。美術刀剣として知られる海部刀や総数7万枚を超える古銭が出土した大里出土銭、大里古墳のジオラマなどを展示している。企画展や講座なども開催している。

名　字

〈難読名字クイズ〉
①阿麻橘／②苙原／③飯領田／
④麻植／⑤賀好／⑥計盛／⑦姫
氏原／⑧芥原／⑨答島／⑩工宗
／⑪尺長／⑫洙田／⑬圍山／⑭
撫養／⑮与能本

◆地域の特徴

　徳島県の名字には大きく2つの特徴がある。一つは西日本では珍しく佐藤が最多となっていることである。佐藤は秋田県や山形県を筆頭に、関東から東北にかけて非常に多い名字だが、西日本ではあまり多くなく、ベスト3に入っているのも徳島県と大分県の2県のみ。この2県では佐藤に限らず、東日本系の名字が多い。いずれも、鎌倉時代に東国から多くの武士たちが移住して来たことが原因である。

　そしてもう一つの特徴は、県全体に統一性が乏しいことである。平成大合併前の旧市町村単位でみても自治体ごとに名字の傾向がかなり違い、1つの名字が広い範囲にわたって集中しているということが少ない。

　その結果、徳島県には飛び抜けて多い名字がない。秋田県や山形県では、県で一番多い佐藤が県人口の7%以上に及ぶのをはじめ、東日本各県では一番多い名字は人口の2〜3%を占めている。比較的集中度の低い西日本でも、最多の名字は人口の1.5〜2%前後であることが多いのに対し、徳島

名字ランキング（上位40位）

1	佐藤	11	阿部	21	山口	31	板東
2	吉田	12	岡田	22	坂東	32	中野
3	近藤	13	井上	23	橋本	33	新居
4	森	14	藤本	24	原田	34	小川
5	田中	15	河野	25	中村	35	藤田
6	山本	16	高橋	26	山下	36	西岡
7	林	17	宮本	27	田村	37	佐々木
8	大西	18	松本	28	岡本	38	篠原
9	山田	19	森本	29	多田	39	谷
10	中川	20	三木	30	前田	40	藤井

I　歴史の文化編　　43

県では一番多い佐藤でも人口比ではわずか1%でしかない。

2位の吉田にいたっては0.8%以下で、上位40位とはいっても、各名字にはあまり差がない。したがって、調査の時期や方法によっては順位が大きく変動することも珍しくない。

3位の近藤は藤原氏の末裔で東海地方と四国に多く、4位の森は全国に分布しているが、ともに徳島県が全国最高順位である。8位には徳島県をルーツとして香川県で広がった大西が入り、10位には四国では珍しく中川が入っている。

15位の河野は「こうの」ではなく「かわの」と読む。河野のルーツは愛媛県にあり、今でも愛媛では「こうの」が圧倒的に多いが、徳島県や宮崎県などでは「かわの」が主流。29位の多田は香川県と共通する名字で板野郡に多い。

40位までで徳島県らしい名字は、22位坂東、31位板東、33位新居あたり。このうち、新居の読み方は「にい」である。他県では「あらい」が多いが、徳島では圧倒的に「にい」と読む。

41位以下では、42位湯浅、54位住友、55位笠井、77位武市、83位四宮、90位元木、95位井内、99位美馬などが特徴。武市は高知県にも多いが、幕末の志士武市瑞山でも知られるように、高知県では「たけち」と読む。井内も複数の読みがあり、徳島県では7割が「いうち」である。美馬は阿波国美馬郡をルーツとする徳島発祥の名字で、現在は徳島市に多い。

101位以下では、川人、鈴江、天羽、後藤田、逢坂、200位以下では吉成、井内、小笠、久次米、藍山、樫原などが多いのが特徴。

川人は全国の4割弱が徳島県にあり、そのほとんどは吉野川流域に住んでいる。古くから吉野川の川漁を生業にしていた一族の末裔だろう。天羽のルーツは千葉県で、千葉では「あまは」だが、徳島県ではほぼ「あもう」と読む。

● 地域による違い

徳島県では地域によって名字の傾向はばらばらで、統一性は全くない。徳島市と鳴門市はともに吉田が最多で、林、佐藤、森が上位4つ（順番は違う）と、よく似た名字構成だが、近くの小松島市では井内が最多となっており、かなり違っている。板野郡では北島町と上板町では板東、藍住町と板野町では近藤、松茂町で三木が最多で、やはりばらばら。特徴的な名

字としては、板野町の安芸と犬伏、上板町の切原と七条などがある。

阿波市の最多は坂東だが、合併前は旧吉野町が森本、旧土成町が稲井、旧市場町では近藤が最多で、坂東が最多だったのは旧阿波町のみ。

吉野川流域の吉野川市、美馬市、つるぎ町なども、合併前の旧麻植郡・美馬郡11町村の一番多い名字は、旧川島町と旧木屋平村が阿部であるほかはすべて違っていた。特徴的な名字には、旧鴨島町の川真田、旧美郷村の猪井、旧美馬町の逢坂、旧貞光町の宇山・森長、旧一宇村の桑平・切中・切東などがある。

祖谷地方では中世に栄えた大西が今でも多く、三好市では大西が最多。近藤、山口なども目立つほか、旧三野町では辺見が最多だった。

県南部では湯浅と森が多いほか、四宮、田中も多い。最南端の海部地区では、旧由岐町で別宮、旧海南町で乃一、旧宍喰町で戎谷が最多だったなど、地域ごとにかなり独特の名字が集中している。この他にも、旧羽ノ浦町の竹治、数藤、旧那賀町の株田、旧木沢村の仁義、旧木頭村の走川など、独特の名字が多い。

● 「ばんどう」と読む名字

22位の坂東と31位の板東はいずれも「ばんどう」と読み、ともに徳島県を代表する名字である。いずれも吉野川流域に多い名字だが、その分布にはやや違いがある。

板東は徳島県独特の名字で吉野川の下流地域に集中しており、板野郡の上板町では最多、北島町では2位となっている。徳島市や鳴門市にも多い。板東とは「板野郡の東」という意味である。

坂東はもう少し広く、四国から関西にかけて広がっている。県内ではやはり吉野川流域に多いが、板東より少し上流に多く、阿波市で最多となっている。県境を超えた香川県東かがわ市などにも多い。また、関東地方を古くは「坂東」ともいうなど、坂東と言葉は広く使われるため、県外では板東さんは坂東と間違って書かれることも多い。

なお、この2つを合わせた「ばんどう」全体は吉田よりも多く、佐藤に次いで第2位相当となる。

◆ 徳島県ならではの名字

◎ 阿佐

阿波国三好郡阿佐名（三好市東祖谷）をルーツとする祖谷の名家。源平

Ⅰ　歴史の文化編　　45

合戦後、平国盛が祖谷山に逃れ、のち阿佐名に住んで阿佐氏を称したのが祖という。戦国時代は金丸城（三好郡東みよし町）に拠り、江戸時代は徳島藩士となった。現在でも三好市に多い。

◆徳島県にルーツのある名字

◎美馬

阿波国美馬郡がルーツで、現在は徳島市に多い。勝浦郡上勝町瀬津には旧家の美馬家がある。戦国時代は一宮城主一宮氏の家臣で、一宮城落城後は瀬津に移って帰農、江戸時代は代々庄屋を務めた。

◎三好

室町時代に畿内で大きな力を持っていた三好氏のルーツは阿波国三好郡である。清和源氏小笠原氏の一族が三好郡に住んで三好氏を名乗ったのが祖。守護阿波細川氏に仕えて側近となり、のちに細川氏とともに上洛。やがて政治の表舞台にも登場するようになり、摂津や山城の守護代なども務めた。室町末期には、将軍を追放して一時幕府の実権も握ったものの、やがて家臣だった松永久秀の台頭や、自家の内紛もあって没落した。県内では78位で、むしろ香川県や愛媛県に多い。

◆珍しい名字

◎阿麻橘

吉野川市の旧麻植郡美郷村にある名字。「阿波国」の「麻植郡」の「橘氏」という意味か。

◎麻植

阿波国麻植郡がルーツ。忌部氏の子孫という。戦国時代内山城に拠った麻植持光が知られる。現在は徳島市と吉野川市に集中している。

◎撫養

地名由来の難読名字。撫養は鳴門市の地名で、同市の中心部はかつては撫養町と名乗っていた。現在は阿南市に多い。

〈難読名字クイズ解答〉
①あおきつ／②いらはら／③いろでん／④おえ／⑤かこう／⑥かずもり／⑦きしはら／⑧くぐはら／⑨こたじま／⑩たくむね／⑪たけなが／⑫なめた／⑬はたけやま／⑭むや／⑮よのもと

II

食の文化編

米 / 雑穀

地域の歴史的特徴

　現在の徳島県は7世紀半ばまで、北部は粟国、南部は長国とよばれていた。当時、北部は穀物のアワを多く産出したため粟国と名付けられた。645（大化元）年頃、粟国と長国はまとめられて阿波国となった。

　846（承和13）年には、山田古嗣が阿波介（朝廷に任命された官吏で、旧国名＋介で国司としての官職を示す）となり、干害を防ぐため各地に池をつくった。1585（天正13）年、豊臣秀吉の家臣だった蜂須賀正勝・家政父子が阿波国を与えられ、徳島城を築いた。徳島は川に囲まれた良い地を意味する。中心の徳島市は吉野川河口付近の三角州で島状の地形である。1752（宝暦2）年には第10堰が完成し、旧吉野川と別宮川の分離が始まった。

　1871（明治4）年7月の廃藩置県で徳島県が設置されたが、11月には名東県に改称された。1873（明治6）年には香川県を編入して名東県の管轄とした。1876（明治9）年には旧淡路国が兵庫県に編入され、旧阿波国は高知県の管轄となり、名東県が廃止された。徳島県が再設置され現在の徳島県の姿になったのは1880（明治13）年である。

コメの概況

　水稲の作付面積の全国順位は40位、収穫量は39位である。収穫量の多い市町村は、①阿南市、②阿波市、③徳島市、④小松島市、⑤美馬市、⑥吉野川市、⑦石井町、⑧上板町、⑨鳴門市、⑩海陽町の順である。県内におけるシェアは、阿南市21.3％、阿波市16.7％、徳島市13.8％、小松島市9.2％などで、上位3市が県内生産量の半分以上を担っている。

　徳島県における水稲の作付比率は、うるち米96.0％、もち米2.8％、醸造用米1.2％である。作付面積の全国シェアをみると、うるち米は0.8％で全国順位が高知県、長崎県と並んで38位、もち米は0.6％で群馬県、愛知県、

48

京都府と並んで31位、醸造用米は0.7%で25位である。美馬郡は、徳島県で唯一の水稲種子の産地であり、キヌヒカリ、ヒノヒカリなどの種子を各産地に供給している。

知っておきたいコメの品種

うるち米

（必須銘柄）あきたこまち、あわみのり、キヌヒカリ、コシヒカリ、日本晴、ハナエチゼン、ヒノヒカリ

（選択銘柄）あきさかり、イクヒカリ、はるみ、ヒカリ新世紀、ひとめぼれ、ミルキークイーン

　うるち米の作付面積を品種別にみると、「コシヒカリ」が最も多く全体の53.9%を占め、「キヌヒカリ」（28.9%）、「ヒノヒカリ」（7.3%）がこれに続いている。これら3品種が全体の90.1%を占めている。

- **コシヒカリ**　栽培適地は平坦部である。収穫時期は8月中旬～下旬である。南部産「コシヒカリ」の食味ランキングはAである。
- **キヌヒカリ**　北部産「キヌヒカリ」の食味ランキングはAである。
- **ハナエチゼン**　県南部の平坦部を中心に栽培されている。収穫時期は8月上旬～中旬で、徳島で最も早く収穫される極早生品種である。

もち米

（必須銘柄）モチミノリ

（選択銘柄）なし

　もち米の作付面積の品種別比率では「モチミノリ」が最も多く、全体の85.7%を占めている。

　モチミノリは、農研機構が「喜寿糯」と「関東125号」を交配して、1990（平成2）年に育成した。白葉枯病に対する抵抗性が強い。あられ用などに向いている。徳島県では必須銘柄、愛媛県では選択銘柄である。

醸造用米

（必須銘柄）なし

（選択銘柄）山田錦

公益社団法人米穀安定供給確保支援機構の調査では、品種別には把握できなかった。

知っておきたい雑穀

❶小麦

小麦の作付面積の全国順位は37位、収穫量は35位である。主産地は美馬市（県内作付面積の42.2％）と東みよし町（33.1％）である。栽培品種は「チクゴイズミ」などである。

❷二条大麦

二条大麦の作付面積、収穫量の全国順位はともに19位である。主産地は美馬市で、作付面積は県内の73.9％を占めている。

❸はだか麦

はだか麦の作付面積の全国順位は10位、収穫量は16位である。市町村別の作付面積の順位は①美馬市（県内作付面積の37.9％）、②小松島市（20.7％）、③阿南市（13.8％）、④阿波市（8.6％）で、これらが県全体の8割強を占めている。

❹アワ

アワの作付面積の全国順位は14位である。収穫量は四捨五入すると1トンに満たず統計上はゼロで、全国順位は不明である。統計によると、徳島県でアワを栽培しているのは牟岐町だけである。

❺トウモロコシ（スイートコーン）

トウモロコシの作付面積の全国順位は12位、収穫量は11位である。主産地は吉野川市、石井町、阿波市などである。

❻そば

そばの作付面積の全国順位は34位、収穫量は33位である。産地は美馬市、三好市、東みよし町などである。栽培品種は「美馬在来」などである。

❼大豆

大豆の作付面積の全国順位は42位、収穫量の全国順位は44位である。産地は美馬市、阿南市、三好市、東みよし町、小松島市などである。栽培品種は「フクユタカ」などである。

❽小豆

小豆の作付面積の全国順位は神奈川県と並んで39位である。収穫量の

全国順位は40位である。主産地は美馬市、三好市、つるぎ町、東みよし町などである。

コメ・雑穀関連施設

- **那賀川用水**（阿南市を中心とする周辺地域）　那賀川流域では抜本的な洪水対策として、1955（昭和30年）頃までに南岸堰が県営事業で、北岸堰が国営事業としてそれぞれ完成し、水路なども整備された。どちらもそれぞれ三つの堰を統合したものである。これによって堰の破壊を心配しないで安定的な農業ができることになり、早期米の産地として発展している。受益面積は4,000 ha である。
- **金清1号池、金清2号池**（阿波市）　大正年間に築造された農業用のため池である。れんが造りの導入路樋門は歴史ある施設である。金清2号池には、白鳥が訪れ、「白鳥池」の愛称がついている。受益面積は100 ha で、稲作のほか、野菜やブドウの栽培も盛んである。
- **川俣疏水**（吉野川市）　疏水がある吉野川市山川町は、徳島県北部のほぼ中央で、吉野川と四国山地の間に位置する。吉野川の支流である川田川上流の合流点に堰堤を築造し、沖積層の台地が3段になっている段丘にある耕作地に自然流水によってかんがいする仕組みを1899（明治32）年に完成させた。これによって、稲作ができなかった地域でコメができるようになった。
- **箸蔵用水**（三好市）　疏水は三好市の西州津地区を流れる。1897（明治30）年に土地改良区の前身である箸蔵普通水利組合が結成され、トンネル開削工事を行い、1899（明治32）年に通水した。受益面積は30 ha である。事業の原動力になったのは地域の青年たちで、私財も投入して工事に着手した。

コメ・雑穀の特色ある料理

- **ボウゼの姿寿司**　ボウゼはイボダイのことで、東京ではエボダイ、大阪ではウボゼとよぶ。徳島では夏の終わり頃が漁期である。酢でしめたボウゼに、スダチの搾り汁を加えた酢飯を詰めてつくる。食べやすい大きさに切って皿に盛り、ショウガ、スダチの輪切りなどを添える。秋祭りには欠かせない料理である。

Ⅱ　食の文化編　　51

- **そば米雑炊**（祖谷地方）　そば米は、そばの実を塩ゆでして、殻をむいて乾燥させたものである。そばを粉にしないで、実のまま食べるのは珍しい。祖谷地方の郷土料理である。源平の合戦に破れて逃げてきた平家の落人たちが、稲作ができないため、そばの栽培を始めた。プチプチした歯ざわりが好まれ、近年は徳島県全体に広がっている。
- **鯵の押し寿司**　押しずしには一般に小型のアジを使用する。アジには、ぜいご、ぜんごなどとよばれる硬いうろこがある。このため、アジの押しずしは新築祝いの土産など縁起物として牟岐町など県南地方を中心につくられている。
- **タイのピリ辛がゆ**　渦潮にもまれた鳴門タイは身がしまって味の良いことで知られる。タイのピリ辛がゆは、タイの刺身、空炒りしたそば米、炒めた千切り長ネギをご飯の上に盛り、ワサビをのせて熱湯をかけて食べる。好みでスダチ、粉サンショウなどをかける。

コメと伝統文化の例

- **天王はん市**（三好市）　米の収穫と麦播きの終わる時期に、新穀の感謝と来年の豊作祈願、農具の準備を行うための市で、江戸時代から続く。会場は三野町の武大神社境内。鎌、ナイフ、なた、のこぎりなど農具の店が軒を並べ、赤ん坊の土俵入りや子ども相撲が奉納される。開催日は毎年11月の最終日曜日。
- **西祖谷の神代踊り**（三好市）　夏祭りに、豊作などを祈願して三好市西祖谷山村の善徳天満宮神社に奉納される風流踊りである。平安時代初期の雨乞いが起源とされる。国の重要無形民俗文化財である。開催日は毎年7月25日頃。
- **お亥の子さん**（つるぎ町）　つるぎ町貞光の猿飼集落で行われる五穀豊穣を祈る伝統行事。子どもたちが集落の家々を回り、地元の名所や特産などを歌詞にした「亥の子唄」を歌いながら、里芋の茎にわらを巻き付けた「ぼて」で縁側をたたく。また、カシの木でつくった「たてづき」に取り付けたカズラを1本ずつ持って上下に動かし、庭先の地面を打ちつける。集落にあった端山小学校猿飼分校の廃止に伴い1990（平成2）年を最後に休止していたが、2015（平成27）年に復活した。開催日は毎年旧暦10月の最初の亥の日。

- **力餅大会**（上板町）　正月の初会式の行事として大山寺境内で行われる。戦国時代に、出羽守兼仲公が大山観世音菩薩から怪力を授かったことが始まりとされる。三方に乗った大鏡もちを担いで歩いた距離を競う。担ぐもちの重さは男性が169kg、女性が50kgである。開催日は毎年1月第3日曜日。
- **太刀踊り**（那賀町）　その昔、屋島の合戦に破れた平家の落人が旧木頭村に入った。住み着いた中内地区の神社での踊りの際に切り込む争いになったが、それをもとに五穀豊穣などを祈願し、落人も京の都をしのんで共に踊ったとされる。木頭和無田の八幡神社の秋祭りで奉納される。開催日は毎年11月1日。

Ⅱ　食の文化編　　53

こなもの

たらいうどん

地域の特色

　四国地方の東部に位置する県で、南部は太平洋、東部は紀伊水道に面している中央部の剣(つるぎ)山地が東西に延びている。北部の県境に讃岐山脈があり、讃岐山脈と剣山地の間を、四国山地を発する吉野川が流れている。剣山地の南側には、勝浦川・那賀川が流れている。山地が多く、主な平野としては、吉野川下流の徳島平野がある。気候は、剣山地を境に南北で異なり、北部は、冬は晴天の日が多く、降水量は少ない。南部は、温暖だが降水量は少ない。現在の徳島県はかつての阿波国全域であった。江戸時代の徳島藩は、新田開発を進め、那賀川や吉野川流域の開発を行った。県庁所在地の徳島市は徳島北東部の吉野川下流域にあり、近世は、蜂須賀氏の城下町として栄えたところである。

食の歴史と文化

　徳島県は山がちの地形であるから、農業は野菜が中心である。代表的な野菜はニンジンであり、吉野川流域の砂地の畑ではサツマイモ(「なると金時」)が栽培されている。徳島は、温暖な気候を利用した数多くの野菜や果樹の栽培が行われ、都市部にも出荷している。かんきつ類の中では、特産のスダチがある。地鶏の「阿波尾鶏(あわおどり)」は、徳島県立農林水産総合技術センター畜産研究所が開発した肉用鶏で、1990年から市場に出回っている。

　徳島県は、明治時代から沢庵漬けが盛んで、「阿波沢庵」として知られている。明治27 (1894) 年に、久米伊勢吉という人が考案したと伝えられている。現在は沢庵に適した「阿波晩生(おく)」が栽培されている。

　こなものの郷土料理にはソバを使った料理や、「たらいうどん」がある。山地の祖谷では、「そば切り」や「ソバ米」を食べる。ソバ米はソバの実を塩茹でした後に、乾燥させてから殻を使ったもので、雑炊に入れて食べる。たらいうどんは「御所のたらいうどん」ともいう。江戸時代から御所

温泉（現在阿波市）に伝えられた野趣豊かな木こり料理の一つである。ヤマイモ入りのコシのあるうどんをタライに浮かし、辛口のジンゾク（ゴリ）のだし汁をつけて河原で大勢に一緒に食べた。現在は、遠方からの客のもてなしにご馳走として提供することが多い。ジンゾクは、吉野川・園部川でとれるゴリ（ハゼ科）である。吉野川の流域の半田地域で作っている「半田素麺」は、製法は播州より伝えられたものといわれている。この地域の冬の気候は、素麺の乾燥に適していることから、素麺の生産地となった。

知っておきたい郷土料理

だんご・まんじゅう類

①やつまただんご

　ヤツマタ（シコクビエ）だけで作るだんご。ヤツマタの粉に塩を加え、熱湯を加えてかき回し、平たいだんごに作って、茹でる。食べるときには、餡をからまして食べる。

　ヤツマタは、帆軸が約8本に分かれているので、ヤツマタという。稲作に適さない赤土でも生育する。

②とうきびの粉だんご

　トウモロコシ（トウキビ）の粉で作るだんご。黄色のだんごで、子どもの間食に好まれている。作り方は、トウモロコシの粉に塩を加え、熱湯を加え、かき回して捏ねる。これを平たいだんごに作り、茹でる。トウキビは秋に軒下に吊るして乾燥してから製粉する。

③七夕だんご

　7月7日には、うるち米の粉（「きち粉」）ともち米の粉を混ぜ合わせ、これに水を加えて練り、丸めて沸騰した湯に入れて茹でる。茹で上がったらザルにあげ、砂糖入りの黄な粉をまぶして食べる。だんごの回りに、餡をまぶして食べることもある。

　このだんごは、笹の枝に短冊を飾り、黄な粉や小豆餡をまぶした七夕だんごは、七夕の祝いの供にする。

④あおがい（青貝）

　「あおがい」とは、土成地区では「葬式の膳にあるいはお土産として用意するもの」で、餡がいっぱい詰まった丸い餅3個（白・赤・緑）をいう。

Ⅱ　食の文化編　　55

もち米で作った餅の生地で、いっぱいの餡を包んだまんじゅうである。

⑤だんご

きびの粉、小麦粉、そば粉などで、それぞれ小豆餡を入れて作るだんごである。それぞれの粉の色が楽しめる。きび粉は黄色、そば粉は薄い茶色、小麦粉は白色に近い黄色の3色が楽しめる。春先は、ヨモギを使って緑色のだんごができる。

⑥かしわ

もち米とうるち米を混ぜ、水で練ったかしわの生地で、餡を包んだものと、餡を入れないものを蒸す（那賀郡周辺では、柏の葉の代わりに、かしの葉でだんごを挟んで蒸す）。端午の節句、土用の入り、土用入りの翌日の田圃で稲に虫がつかないように祈る行事の日に作る。

⑦ばらもち

端午の節句にもち米の粉とうるち米の粉で作る柏餅。餅は柏の葉で包むのではなく、サルトリイバラの葉で包む。

⑧阿波ういろう

旧暦の3月節句には、各家庭でういろうをつくり雛壇に供えた。原料は、小豆の漉し餡、もち米の粉、砂糖、塩で、これらを混ぜ合わせ、水を加えて練り合わせ、蒸籠で蒸して作る。あっさりした味である。

⑨小男鹿

小男鹿は、万葉集の中でも詠まれる牡鹿のことである。牡鹿をイメージした蒸し菓子である。ヤマイモ、和三盆糖、大納言小豆、うるち米を主原料として練り上げて細長い形（長方形）に、蒸したものである。しっとりした軟らかな生地の中に点々と大納言小豆が散らばり、それが鹿の斑模様にみえる。徳島を代表する銘菓である。この銘菓は、明治天皇が詠まれた和歌のなかでも誉めている。「小男鹿」の製造元「小男鹿本舗　富士屋」の創業は明治3（1870）年である。徳島は、古くから茶の湯が盛んであったので、茶会に欠かせない菓子の発達した地域でもあった。富士屋は小男鹿と同じく、自然薯を使ったもっちりした皮に、百合根を混ぜた餡を塗り、巻いた菓子の「山路」も提供している。

「小男鹿本舗　富士屋」の和菓子の伝統的手法は、「自然薯、小豆、薯蕷粉、卵、阿波三盆糖」を使うことである。阿波三盆糖は、吉野川北岸で栽培したサトウキビから昔ながらの方法で作った日本古来の砂糖である。

⑩小六饅頭

　徳島市の焼き菓子。カステラ生地で小豆餡を包んで焼いたもの。豊臣秀吉に仕えた阿波藩主の蜂須賀小六に因み、饅頭の名がついている。甘味料には、阿波特産の三温糖、蜂蜜が使われている。

麺類の特色　　徳島にはたらいうどんという名物がある。ヤマイモ入りのコシのあるうどんをタライに浮かし、ゴリのだし汁の辛口のつけ汁で食べる。ゴリは徳島の方言では「ジンゾク」という。吉野川・園部川で5〜6月頃にとれる。

　平家の伝説をもつ祖谷地方は、山岳地帯の焼き畑で良質の祖谷ソバ（阿波ソバ）を栽培している。この地方のそば料理には、そば飯、そば饅頭、ソバ米のみそ汁がある。

めんの郷土料理

①たらいうどん

　タライに浮かしたうどんをゴリのだしのきいた辛口の醤油のつけ汁をつけて食べる。野趣味と遊戯性のある食べ方のうどん。

②そば切り（木頭）

　そば粉に塩を入れて、水を加えて作る手打ちそば。そばの麺線の1本をとりだし、手でひねって茹でるという珍しい方法がとられる。だし汁はシイタケ、煮干しで調製する。

③そば切り（東祖谷山）

　つなぎを入れない太目のそばで、祝い事の日には作る。婚礼の祝宴には、縁が切れるという意味でそばはふるまわない。

④運気そば（鳴門市）

　大晦日の正月の料理づくりが終わった時に食べる。かけ汁のだしはコンブ、煮干し、鰹節でとる。醤油味で、みりんで味付けした汁をかける。食べるときは、めんを1人分ずつ籠にとり、沸騰した湯で温めて容器に移す。

⑤半田そうめん

　吉野川流域の半田地方で作るやや太めのそうめん。

Ⅱ　食の文化編　　57

▶ 神山町中心に「スダチ王国」

くだもの

地勢と気候

　徳島県は、四国の東端に位置する。北は瀬戸内海から紀伊水道、南は太平洋に面している。中央部を四国山地が東西に走り、県土を南北に分けている。四国山地の北側を流れる吉野川は、三好市を頂点にくさび形の徳島平野を形成している。阿南市以南の県南部は山地が海に迫り、海岸線は荒磯が多い。

　県内の気候は剣山を境にして南北に分かれる。年降水量は南部沿岸地方をはじめ剣山の南側は多い。剣山の北側は南側の降水量の2分の1から3分の1にとどまっている。年平均気温は海岸部は16℃と温暖である。中西部の山間部は12℃と冷涼である。標高1,964mの剣山では4℃である。

知っておきたい果物

スダチ　スダチという名前は「酢橘(すたちばな)」に由来する。徳島県におけるスダチの栽培面積は全国の97.9％、収穫量は98.4％を占める「スダチ王国」である。主産地は神山町、佐那河内村、徳島市、阿南市、勝浦町、上勝町、海陽町などである。

　神山町のスダチの栽培面積、収穫量はともに2位の佐那河内村を上回り、日本一である。神山町には、推定樹齢200年以上の古木がある。

　露地ものの出荷時期は8月上旬〜10月下旬頃である。ただ、最近は貯蔵技術が発達し、年間を通して出荷されるようになった。ハウスものは3月中旬〜8月中旬、冷蔵ものは10月上旬〜3月下旬頃に出荷される。

ユズ　ユズの栽培面積は全国の16.4％、収穫量は17.5％を占め、ともに高知県に次いで2位である。主産地は那賀町、美馬市、海陽町などである。出荷時期は1月上旬〜10月下旬頃である。

　那賀町の木頭(キトウ)地区では、「木頭ユズ」を使ったユズの酢、ユズジュース、ユズみそなどを商品化している。

ヤマモモ　ヤマモモの栽培面積は全国の92.1％、収穫量は76.5％を占めている。栽培品種は「瑞光」「森口」などである。主産地は小松島市、勝浦町、徳島市などである。ヤマモモは徳島県の木でもある。ヤマモモは徳島藩時代に伐採禁止の御禁木として保護された。初夏に赤く熟し、甘ずっぱい味覚である。

ハッサク　ハッサクの栽培面積、収穫量の全国順位は、和歌山県、広島県、愛媛県に次いで4位である。主産地は美馬市、三好市、鳴門市などである。

　徳島県の場合、ハッサクは12月中旬頃に収穫して、追熟のため貯蔵庫に保管する。これによって酸が抜け、適度な甘さと、ほのかな苦みのハッサクになる。出荷時期は2月上旬～4月下旬頃である。

キウイ　キウイの栽培面積の全国順位は大分県と並んで13位である。収穫量の全国順位は14位である。産地は小松島市などである。出荷時期は10月上旬～5月下旬頃である。

不知火　不知火の栽培面積、収穫量の全国順位はともに13位である。主産地は阿波市、徳島市、美馬市などである。出荷時期は12月上旬～4月下旬頃である。

日本ナシ　日本ナシの栽培面積の全国順位は15位、収穫量は14位である。栽培品種は「幸水」「新高」などである。主産地は鳴門市、松茂町で、藍住町、徳島市などでも生産している。出荷時期は7月上旬～10月下旬頃である。

　松茂町では、「阿波おど梨」の名前で出荷している。無袋露地栽培で育て、光糖度センサー方式の選別機で選別しているため、品質が安定している。

ミカン　ミカンの栽培面積の全国順位は14位、収穫量は15位である。主産地は勝浦町、徳島市、阿南市、小松島市などである。出荷時期はハウスミカンが4月上旬～10月下旬、果皮が緑色のグリーンハウスミカンが7月上旬～10月下旬、温州ミカンが10月上旬～4月下旬頃である。勝浦町では、温州ミカンを土壁の貯蔵庫で熟成させ、甘みとこくを引き出した「貯蔵みかん」としても出荷している。出荷時期は2月～3月頃である。

カキ　カキの栽培面積の全国順位は26位、収穫量は17位である。主産地は上板町、つるぎ町、阿波市などである。生食としてのカキの

Ⅱ　食の文化編　　59

出荷時期は9月上旬〜12月下旬頃である。「あんぽ柿」などの干し柿は1月以降も出荷される。

県東北部で、南は吉野川、北は阿讃山脈に接している上板町の大山地区では「富有」「大和柿」などを栽培し、「大山の柿」として10月〜11月頃に出荷している。

ギンナン

ギンナンの栽培面積の全国順位は23位、収穫量は18位である。主産地はつるぎ町、三好市、阿南市などである。

ウメ

ウメの栽培面積の全国順位は24位、収穫量は20位である。主産地は神山町、阿波市、吉野川市、美馬市、勝浦町などである。出荷時期は5月上旬〜7月下旬頃である。

桃

桃の栽培面積の全国順位は19位、収穫量は20位である。主産地は上板町、板野町、鳴門市などである。出荷時期は6月中旬〜7月下旬頃である。

上板町では、大山地区を中心に都市近郊型農業の一つとして桃の栽培が盛んである。

ビワ

ビワの栽培面積、収穫量の全国順位はともに20位である。産地は小松島市、三好市などである。

イチジク

イチジクの栽培面積の全国順位は25位、収穫量は23位である。主産地は三好市、吉野川市、鳴門市などである。

スモモ

スモモの栽培面積の全国順位は26位、収穫量は27位である。産地は鳴門市、小松島市などである。

ブドウ

ブドウの栽培面積の全国順位は31位、収穫量は34位である。主産地は阿波市で、吉野川市、板野町、美馬市などでも生産している。「デラウェア」の出荷時期は5月上旬〜8月下旬頃である。

阿波市のブドウ栽培は1955（昭和30）年頃から盛んになった。今では京阪神市場に出荷されているほか、ブドウ狩りなども行われている。

クリ

クリの栽培面積の全国順位は36位、収穫量は35位である。主産地は三好市、阿南市、美馬市などである。

ブルーベリー

ブルーベリーの栽培面積の全国順位は39位、収穫量は37位である。主産地は美馬市、小松島市、三好市などである。収穫時期は6月〜9月頃である。美馬市では無農薬、有機肥料による栽培を続けている。観光ブルーベリー園で摘み取りができる。

リンゴ　リンゴの栽培面積の全国順位は、香川県と並んで41位である。徳島県の収穫量の全国順位も41位である。

ユコウ　農林統計によると、主な生産地は徳島県だけである。栽培面積は33.5ha、収穫量は231.8トンである。主産地は上勝町、神山町、勝浦町などである。

イチゴ　イチゴは徳島市、阿南市、阿波市、佐那河内村、小松島市などで生産されている。出荷時期は4月上旬〜5月下旬、7月上旬〜下旬、11月上旬〜下旬頃である。

佐那河内村では、「ももいちご」「さくらももいちご」を生産している。出荷時期は12月〜2月頃である。

メロン　栽培品種は「アムスメロン」「アールスメロン」「タカミメロン」などである。主産地は阿波市などである。出荷時期は6月上旬〜7月下旬頃である。

スイカ　主産地は阿波市、上板町、板野町などである。露地ものの出荷時期は6月上旬〜8月下旬頃である。

地元が提案する食べ方の例

すだちとかぼちゃの麻婆茄子（徳島県）

　ニンニク、ネギなどに豚ひき肉などを加え炒める。揚げ焼きしたナスなどを加えて煮込み、片栗粉でとろみをつける。蒸したカボチャを並べた器にこれとスダチを盛り付ける。

鶏ときのこのすだちバター炒め（JA全農とくしま）

　バターで鶏肉を炒め、八分どおり火が通ったらシメジとエリンギを加える。スダチの絞り汁と醤油、薄切りのスダチを加えてさらに混ぜる。

すだち入りオムレツ（JA全農とくしま）

　スダチは皮をすりおろし、汁は絞ってコンソメスープに加える。卵にスープを混ぜて、タマネギとニンジンをみじん切りにして炒めたものに流し入れオムレツにする。

ストロベリーフォンデュ（JA全農とくしま）

　耐熱鍋に生クリームと小さく割ったチョコを入れ、電子レンジを強にして2分加熱する。余熱でよく溶かし、温めながら、フォークでイチゴをつけて味わう。

Ⅱ　食の文化編　61

キウイのサンドイッチ（JA 全農とくしま）

　キウイは皮を除き、5mm の厚さで輪切りにしてハチミツをかけておく。サンドイッチ用のパンにクリームチーズを塗って、これを挟む。

消費者向け取り組み

● フルーツガーデン山形　鳴門市

魚　食

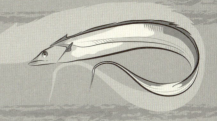

地域の特性

　徳島県は四国の南東に位置し、東は紀伊水道に面し、南は太平洋に面する。讃岐山脈と剣山地の間を、四国山脈に源を発する吉野川が流れている。平野は、吉野川下流の徳島平野のみと、平地は少ない。気候は剣山地を境に南北で異なる。北部は冬でも晴天が多く、降雨量は少ない。南部は温暖で、降雨量は少ない。

　徳島県は山地の温暖な地域では、かんきつ類の栽培が盛んである。とくにスダチの生産量が多いのは有名である。水産関係では、海面を利用した養殖が盛んである。

　徳島県内に水揚げされる魚には、イボダイ、マサバ、タチウオ、カレイ、シタビラメ、ウマヅラハギ、アオリイカ、コウイカ、ナマコなどが代表的である。

魚食の歴史と文化

　室町時代までは阿波の人々は勤勉で保守的だったといわれた。戦国時代の動乱の中で、阿波に本拠をおく細川家や三好家はしばしば京都に出兵したため、阿波の武士は中央（京都）との交易に関心をもっていた。その後、阿波の特産である木材や藍を淡路島経由で大坂に送る航路を切り開くなど、大坂と密接な関係を構築している。

　夏祭りとして発展してきた「阿波おどり」は、人々のエネルギーが人と人の和や、つながりを構築するのに関与しているらしく全国的に展開されるようになった。夏祭りには特別な食べ物を用意する地域もあるが、この阿波おどりに限ってはないようである。ただ、徳島県の特産物であるスダチはいろいろな料理に使われている。焼き魚、刺身用のつけ醬油、鍋のポン酢など、徳島の食文化はスダチが主体のようである。阿波市を横切る吉野川には流れの速い瀬を好む魚、ウナギやアユのように海と川を行き来す

Ⅱ　食の文化編

る魚が生息しているが、流域の人々は清流を大切にし、川魚の恩恵を受け
続けてきている。

知っておきたい伝統食品・郷土料理

地域の魚介類　春には、ワカメ、トサカノリ、オゴ、モズク、青昆
布などの海藻の採集の季節となり、マイワシ、カタク
チイワシの稚魚、イカナゴ、サヨリ、サワラ、アナゴなどが美味しい季節
でもある。カツオ、メジなどの魚のほか、イイダコ、クルマエビ、シバエ
ビ、アサリも美味しくなる。夏になると、イシダイ、マサバ、イセエビ、
秋はマサバ、ボラ、戻りガツオ、サメ、冬にはウルメイワシ、サンマが美
味しくなる。

　川魚では吉野川や那賀川に生息するウナギ、コイ、フナ、アユ、ゴリが
利用される。吉野川に生息している川魚はウナギ、アユやコイのほかに、
オイカワ（コイ科）、カワムツ（コイ科）、ウグイ（コイ科）、ニゴイ（コ
イ科）、フナ（コイ科）、ブルーギル（サンフィッシュ科、外来種）、オオ
クチバス（サンフィッシュ科、外来種）、カマツカ（コイ科）、モツゴ（コ
イ科）、ズナガニゴ（コイ科、絶滅危惧種）、スナヤツメ（ヤツメウナギ科、
絶滅危惧種）、ヨシノボリ（ハゼ科）、ドンコ（ハゼ科）、ナマズ（ナマズ科）、
ギギ（ギギ科）、アカザ（アカザ科）などである。

伝統食品・郷土料理

①イボダイの料理
- ●ボウゼの姿寿司　ボウゼ（イボダイ）の姿ずしで、徳島県北部のお祭料
  理である。

②川魚料理
- ●あめごのひらら焼き　ビワマス、サクラマスの幼魚であるアマゴは、地
  方によってアメゴ、アメとも呼ばれ、火を焚いて、その中に河原の石を
  入れて熱くし、その石に味噌を塗り、砂糖・酒で調味し、その上にビワ
  マスの幼魚アマゴをのせて焼く。
- ●アユの炊き込みご飯　タイ飯の要領で、ご飯を炊くときには、醤油で薄
  味を漬ける。炊きあがる直前にアユを姿のままのせ、20分間ほど蒸ら
  してから身をほぐし、ご飯を混ぜて賞味する。腸の苦味と香りも美味し

さのポイントである。

- **あゆ雑炊**　吉野川、那賀川はアユの名産地であるから、いろいろなアユ料理が提供される。丸のままアユ、タマネギ、ナスを加えて雑炊を炊き、赤味噌で味付ける。

③海藻料理

- **ひじき五目ずし**　油炒めしたヒジキとカンピョウ、ニンジン、キヌサヤなどをすし飯にまぜたものである。
- **芽かぶとろろ**　初夏、鳴門から県南側の海沿いではワカメ刈をする。ワカメの成実葉をメカブといい、みじんに切りトロロ状にして、熱湯を通して酢醤油で食べる。
- **灰干しわかめ**　鳴門市周辺の特産品。「鳴門灰干しワカメ」は伝統的なワカメの乾燥品。採取したワカメを浜辺に積んで、一夜おき、翌日の早朝から灰づけ処理を行う。灰処理により、灰のアルカリ成分によりワカメの表面がアルカリ性となり、ワカメの酸性化を防ぎ、クロロフィルの分解を制御するために、クロロフィルが安定化する。
- **あおのり餅**　アオノリを餅の中にいれたもの。

Ⅱ　食の文化編　　65

肉 食

徳島丼

▼徳島市の1世帯当たりの食肉購入量の変化 (g)

年度	生鮮肉	牛肉	豚肉	鶏肉	その他の肉
2001	37,325	11,469	12,056	10,800	1,060
2006	40,727	9,993	13,857	12,790	1,267
2011	38,230	7,453	13,636	13,690	1,748

徳島県は、紀伊水道や太平洋に面している地域があるが、北部には讃岐山脈、中央部に剣山地（つるぎさんち）が横たわり、山がちな地域が多い。畜産の盛んな県で、ブロイラーの生産が盛んであり、銘柄牛も多い。

徳島県は、四国の南東を占めている。吉野川の流域に沿って酪農が盛んである。吉野川市鴨島町に「牛島」という地域があるのは、古くからウシを飼育していたのではないかと考えられている。

徳島県の阿波畜産3種類（阿波牛、阿波ポーク、阿波尾鶏（あわおどり））は古くからのこの地域の銘柄畜産としてよく知られている。阿波尾鶏の飼育と同じようにブロイラーの生産も盛んである。また県として阿波牛、阿波ポーク、阿波尾鶏の繁殖・飼育・販売について重点をおいている。

2001年度、2006年度、2011年度の「家計調査」からは、四国地方の1世帯当たりの生鮮肉の購入量は、他の地方とは大差がないことが分かる。四国地方の牛肉の購入量は、関東、東北および北陸地方に比べると多く、豚肉については、四国地方の購入量は、関東、東北および北陸地方に比べると少ない。四国が牛肉文化圏といわれているのは、この「家計調査」からも分かる。四国地方の鶏肉の購入量も東北、関東地方に比べれば多いといえる。

徳島県の気候は、剣山地を境に南北で異なる。したがって、昔から産業の種類が南北で異なる。塩田が盛んな時代もあった。その一部はマダイの養殖に転じている、

2001年度、2006年度、2011年度の「家計調査」から徳島市の1世帯当たりの食肉の購入量を考察すると、各年度とも牛肉の購入量に比べ、豚肉

凡例　生鮮肉、牛肉、豚肉、鶏肉の購入量の出所は総理府発行の「家計調査」による

や鶏肉の購入量が多い。

　生鮮肉の購入量に対する牛肉の購入量の割合を算出した結果、2001年度は約3割もあったのに、2011年度は約2割の購入量と少なくなっている。「家計調査」の資料によると、1世帯当たりの生鮮肉の購入量に対する鶏肉の購入量の割合は、約3割であるところが多いようである。

知っておきたい牛肉と郷土料理

銘柄牛の種類

❶阿波牛

　1973（昭和48）年に、全国肉用牛共励会において肉牛としての高い評価を得た黒毛和種である。阿波牛とよばれるものは、徳島県内で飼育された血統明確な黒毛和種で、（公社）日本食肉格付協会による枝肉の格付けがA-4、B-4以上である。肉質は赤身肉の赤色と脂肪の白色のコントラストが鮮やかな霜降りであり、口腔内ではうま味が広がる。

❷四国三郎牛

　徳島県吉野川市川島町の無農薬の牧草で飼育されているウシ。肉質中の脂肪含有量はほどよく、さっぱりとした食味の肉である。徳島県内には阿波牛、四国三郎牛などの銘柄牛を販売している精肉店が多く、銘柄牛を取り扱っていることが精肉店の必須条件のように思える。

❸ふじおか牛

　徳島県那賀郡那賀川町島尻の藤岡牧場で飼育されているウシで、その肉は㈲ミートショップふじおかで販売している。生まれてから出荷まで、自家製の特別な配合飼料で飼育する。

❹一貫牛

　徳島市仲ノ町の藤原ファームが運営している藤原牧場で飼育している黒毛和種。きめ細かな肉質と軟らかい食感が評価されている。赤身肉にはツヤのあるクリーム色の脂身（サシ）が入っている。脂身はしつこくなく、甘みがある。

牛肉料理

　焼肉、ステーキを自慢する店が多いのは、徳島県の和牛は、脂肪の味がさっぱりと感じるからであろう。

Ⅱ　食の文化編　　67

知っておきたい豚肉と郷土料理

徳島県には阿波畜産3ブランドといわれる家畜がある。阿波牛、阿波尾鶏に並んで阿波ポークがある。

❶阿波ポーク

1995（平成7）年から「阿波ポークブランド確立対策協議会」が設立され、2000（平成12）年には、15,000頭を生産している。阿波ポークとは、徳島県で造成され、徳島県で飼育されたブタであり、さらに阿波ポークブランド設立対策協議会から指定された農場で生産され、指定された店でのみ販売できる。品種は徳島県の系統豚のアワヨークと他の品種を組み合わせて開発している。

標準的な交配は、アワヨーク（♀）とランドレース種（♂、L）とを交配して得た雑種（♀）とデュロック種（DHD、♂）とを交配させる。このときに造成された三元豚が阿波ポークである。標準的な阿波ポークに大麦を配合した指定専用飼料で飼育したのが、スペシャルタイプといわれている。

品種は（ランドレース×大ヨークシャー）×デュロックである。阿波ポークブランド確立対策協議会が生産母体。出荷日齢は200日齢。飼料に鳴門産ワカメを混合。赤肉、脂肪の品質バランスのとれた豚肉である。飼料として大麦を投与するので脂肪の質がよい。

豚肉料理

- **徳島丼** 2008（平成20）年頃、フジテレビの社員食堂で人気だった。丼ご飯の上に徳島ラーメンの具材をのせたもの。徳島ラーメンの具は、醤油で煮込んだ豚のバラ肉、メンマ、もやし、生卵である。これを丼ご飯の上にのせる。歌手の桑田佳祐氏がテレビの番組の中で紹介。
- **徳島ラーメン** スープの味は、醤油味だが、濃い店、マイルドな店、さっぱりした味の店など、それぞれの店で独特のスープの味付けを決めている。ラーメンの特徴はトッピングの材料がチャーシューではなく豚のバラ肉である。これにご飯を添えたのが、徳島ラーメンのセットメニューの甘辛煮と生卵である。

知っておきたい鶏肉と郷土料理

❶阿波尾鶏

徳島県立農林水産総合技術センターの畜産研究所が開発した肉用の地鶏。軍鶏の雄と他の優良肉鶏を交配させて改良した品種。1990（平成2）年から販売が始まった。2001（平成13）年には特定JAS地鶏として認定された。飼育日数が長いためか、しっかりした歯ごたえのある肉質である。のびのびとした飼育環境のため、脂肪含有量は少ない。

❷阿波尾鶏重

徳島駅の駅弁でヨシダが作る。茶飯の上に錦糸玉子が敷かれ、その上に阿波尾鶏の塩焼きと、特製だれがほどよく染み込んだ照り焼きがのる。他には鳴門金時の大学芋など地元の食材を使ったおかずが入る、徳島らしいお弁当。

● **阿波尾鶏の料理**　から揚げ、水炊き、鍋ものなど日本料理のほか、フランス料理にも使われている。

知っておきたいその他の肉と郷土料理

四国全体として、野生の鳥獣類による被害を防ぐ対策がとられており、徳島県もその一環として捕獲した野生の鳥獣類の食用化に注目している。

ジビエ料理の認定制度を導入し、イノシシやシカの食用化を推進している。

Ⅱ　食の文化編　　69

地 鶏

▼徳島市の1世帯当たり年間鶏肉・鶏卵購入量

種 類	生鮮肉 (g)	鶏肉 (g)	やきとり (円)	鶏卵 (g)
2000年	30,327	11,048	2,948	33,428
2005年	39,307	12,619	3,266	25,720
2010年	42,643	15,582	2,420	26,240

　徳島県の地形は山がちであり山の傾斜面を利用してかんきつ類が生産され、吉野川下流の砂地を利用して野菜類が栽培されている。

　畜産関係では、ブロイラーと地鶏の阿波尾鶏（あわおどり）の飼育が有名である。

　地鶏・銘柄鶏では、上記の阿波尾鶏（生産者；徳島阿波尾鶏ブランド確立対策協議会、貞光食糧工業）のほかに、あづま鶏・地養赤鶏（じようあかどり）・地養鳥（じようどり）・阿波吉野75日どり・PHFチキン（生産者：貞光食糧工業）、阿波すだち鳥・神山鶏・コクノアール（生産者；石井養鶏農業協同組合）、EM若どり、純吟鶏、彩どりなどがある。貞光食糧工業の飼育している地鶏は、ブロイラーをそれぞれ機能性成分などを加えた飼料を投与している。コクノアールはフランス産地鶏の「ブレノアール」を使用し、認定されたオーガニックの飼料を投与している。徳島県は、明治時代から大消費地の大阪へ食鶏を供給していた。地鶏の出荷羽数は全国1位になるほどで阿波尾鶏が好調。

　2000年、2005年、2010年の徳島市の生鮮肉、鶏肉の購入量は、2000年より2005年、2005年より2010年と増加している。四国内の県庁所在地と比較すると、ほぼ同じ量の購入である。鶏卵の購入量についても肉類と同じ傾向にある。生鮮肉や鶏卵の生産地であり、生産したものは、県内消費のほかに県外へ流通している。

　やきとりの購入金額は、2010年は2005年より減少しているが、四国圏内の県庁所在地の1世帯当たりの購入金額を比較すると増加している。昔から、徳島県内で鶏の生産を行っているからと思われる。

　卵を使った和風スイートポテトがある。組み合わせの基本は「鳴門金時＋阿波和三盆糖＋焼き芋焼酎」であり、レシピは「さつまいも、砂糖（和

三盆30％）、生クリーム、バター、卵黄、アーモンド、イモ焼酎、黒ゴマ」
であり、卵黄を使用している。

知っておきたい鶏肉、卵を使った料理

- **すだち丼**　ご当地グルメ。焼いてスライスした鶏もも肉や椎茸をご飯の
  上に載せ、錦糸卵、紅しょうがで飾り、徳島特産のすだちの果汁と、お
  ろし金でおろした皮をいれる、味も香りもさわやかな丼物。
- **徳島バーガー**　認定制度のある本格的なご当地グルメ。"徳島バーガー"
  に認定される5か条は、①美味しい。②阿波尾鶏、阿波ポーク、阿波牛、
  鳴門鯛、わかめ、しらす、鳴門金時、椎茸、大根、すだち、柚子、阿波
  和三盆糖、みそなど徳島の素材をふんだんに使う。③調理に工夫する。
  ④販売価格を妥当に設定。⑤食べやすさと見た目をバランスよくつくる。
  商工会議所青年部に申請し、審査が行われ、要件を満たしていると判断
  されて初めて認定される。商工会議所が公式ホームページを運営し、バ
  ーガーマップやスタンプラリー、キャラクターグッズの製作などバック
  アップしている。各お店のバーガーは統一の包装紙に包まれて提供され
  る。

地　鶏

- **阿波尾鶏**　体重：平均3,200g。県の農林水産総合技術支援センターが、
  徳島県内で古くから飼われていた大型で肉質が良い強健な軍鶏を改良し
  た阿波地鶏を父として、ブロイラー種の白色プリマスロックと掛け合わ
  せて作り出した鶏。エネルギッシュで健康的な躍動感で有名な徳島の踊
  りの"阿波おどり"と、尾羽の美しさから"阿波尾鶏"と命名された。
  専用飼料にヨモギや、炭焼きのときに発生する「木酢液」を主原料とし
  た地養素を添加し、甘味とコクがあり、低脂肪で鶏肉特有の臭みがない。
  肉質は、やや赤みがかった肉色で、適度な歯ごたえがあり、旨み成分の
  グルタミン酸が多いことが特徴。平飼いで飼養期間は80日以上。JAS
  の地鶏認定国内第一号の鶏。貞光食糧工業、オンダン農業協同組合が生
  産する。

Ⅱ　食の文化編

銘柄鶏

- **地養鶏**　体重：雄平均3,000g、雌平均2,900g。飼料に、炭焼きのときに発生する「木酢液」を主原料とした地養素を配合することで、鶏肉特有の臭みが少なく、肉質は光沢と弾力性に富む。平飼いで飼養期間は平均55日。白色コーニッシュの雄と白色プリマスロックの雌を交配。阿波尾鶏を生産する貞光食糧工業が生産する。

- **地養赤どり**　体重：雄平均2,800g、雌平均2,700g。飼料に地養素と生菌を配合することで、鶏肉特有の臭みが少なく、赤どり特有の肉のしまりと食感と旨味がある。平飼いで飼養期間は60日以上。白色コーニッシュ、レッドコーニッシュ、ニューハンプシャーを交配した雄と、プリマスロックの雌を掛け合わせた。阿波尾鶏を生産する貞光食糧工業が生産する。

- **彩どり**　体重：平均3,000g。飼料の主原料は非遺伝子組換え作物を中心に使い、健康な鶏を育てるためにEM菌と生薬を添加。平飼い。鶏種はチャンキー。オンダン農業協同組合が生産する。

- **神山鶏**　体重：雌平均3,000g。飼料の主原料は非遺伝子組換えの植物性原料を主体として使用し、全飼育期間無薬の専用飼料を与える。雌だけを平飼いし、飼養期間は平均70日。白色コーニッシュの雄に白色ロックの雌を交配。イシイフーズが生産する。

- **阿波すだち鶏**　体重：雄平均3,200g、雌平均2,800g。鶏の健康を考えて専用飼料に納豆菌やビフィズス菌、酪酸菌などの善玉菌を添加し、また、オリゴ糖、キトサン、酢橘、茶葉も配合することで、全飼養期間無薬で育てた。飼養期間は平均53日。白色コーニッシュの雄に白色ロックの雌を交配。イシイフーズが生産する。

たまご

- **究極のたまごかけごはん専用たまご**　太陽の恵みをたっぷり受ける徳島の気候のもと、鶏の健康と自然な美味しさを目指したTKG専用卵。天然成分と有機飼料を加えており、濃厚で箸でつまめるほどしっかりした卵黄と、強い濃厚卵白でご飯や醤油の風味も活かすまろやかなコクと旨味が特長。小林ゴールドエッグが生産する。

- **木屋平高原放し飼いたまご**　緑豊かな高原で育った健康な鶏の卵。標高

400mの木屋平高原のお茶畑と柚子畑の間で、11種のこだわった自家配合の飼料と高原の清水でのびのびと育つ。茶葉や野草もついばむのでくせのないあっさりとした風味の卵。小林ゴールドエッグが生産する。

県鳥

シラサギ、白鷺（サギ科） コサギとチュウサギ、ダイサギを総称して"シラサギ"とよぶ。英名 Little Egret。夏鳥、一部留鳥。サギの名の由来には諸説あるが、サギが集団繁殖の際、やかましく騒ぎ立てることを"さやぎ"といい、これが略されて"サギ"になったとする説が有力なようだ。また、鷺の文字は、羽の色が白露のような白く清んだ濁りのない白に由来し"路"に"鳥"を合わせたといわれている。小松島市周辺に多数棲息している。シラサギの美しい純白の姿が、平和のシンボルとして県鳥に制定された。チュウサギは準絶滅危惧（NT）。

汁　物

汁物と地域の食文化

　徳島県は、紀伊水道、瀬戸内海に面した海岸部、四国山脈、阿讃山地に取り囲まれた山間部に分けられる。日常の食事や郷土料理には、海の幸が利用され、山間の地域は、山の幸や山間を流れる川の魚介類を使うものが多い。

　徳島の年に一度の盛大な夏祭りには、全国各地から踊り手たちが集まって賑やかに行う「阿波おどり」がある。もともとは、徳島藩の蜂須賀家政が、1585（天正13）年の徳島場城の落成を祝うために行った無礼講にはじまるといわれている。平素は地道な徳島藩の人々の、息抜きのために考えられたらしい。見方を変えれば、金銭感覚が鋭く、商売上手な気質と合理的考えから生まれたといわれている。大勢の人が集まり、徳島の街で買い物や飲食をしたときに支払われた大金を、貯金せずに、元手に商売をし、さらに多くの収入を得ることを考えたという表現が「阿波おどり」であったらしい。

　徳島の人々の生活は、阿波おどりから想像するほど派手ではなく、貧しい地域とみられている。山地が多く、稲作に適した田畑が少ないので、野菜やソバの生産量は多い。平家の落人伝説のある粗谷地方は、良質の阿波ソバが栽培され、古くからの郷土料理にそば料理が多い。鶏肉・シイタケ・ニンジン・ミツバ・ネギと煮込む汁物の「そば雑炊」、ソバの実をご飯のように炊く「そば飯」がある。ソバの実を茹でて乾燥し、皮をむき、皮を剥いたソバの種子を使った雑炊である。複数の味噌を混合して調味した味噌汁の「袱紗汁」は、正月の行事食である。

汁物の種類と特色

　気候が温暖で山の多い地形なので、果樹栽培が盛んである。スダチ、ユズなど日本料理の風味づけに欠かせないかんきつ類の生産量が多い。スダ

チの爽やかな酸味と香りは、汁物や鍋物に風味を付けてくれる。

　吉野川上流の祖谷地方は、「祖谷そば」という太めの「そば切り」で、祝い事には必ず振る舞うものとなっている。その地方のもう一つ郷土料理の「そば米」は、そばを塩ゆでして乾燥したもので、それを使った「そば米雑炊」がある。

　正月に作られる「ふくさ汁」は、白味噌と赤味噌を混ぜた「ふくさ味噌」の汁で、ハマグリやわかめ、豆腐などを具材に入れる。実だくさんの味噌汁の「きゅうり素麺のみそ汁」、冬から春にかけて磯の岩に生えているアオサの醤油仕立ての澄まし汁の「あおさ汁」、豆腐を入れたイリコだしの澄まし汁の「豆腐八杯」は、美味しいので8杯もおかわりする素朴な汁物である。「石井ほうれん草汁」、吉野川で養殖しているスジアオノリの「すじのり汁」や、「れんこんみぞれ汁」などは、地産地消を目的に学校給食に利用されている。

食塩・醤油・味噌の特徴

❶食塩の特徴

　製塩の遺跡から、鳴門地域では5～6世紀から塩づくりが行われていたと推測されている。かつては入浜式塩田を行われていた。明治・大正時代は一大事業であったが、現在は製塩は行われていない。

❷醤油の特徴

　徳島県はスダチやユズの生産地として知られている。そのスダチやユズを入れた「酢橘入り醤油」は、醤油独特の匂いをスダチの香りが抑えている。

❸味噌の特徴

　「七穀味噌」は、栗・モチキビ・タカキビ・ヒエ・大豆・米・麦を仕込んだ味噌で、「雑穀味噌」の別名もある。味噌汁や合わせ味噌に使われている。惣菜として「阿波の焼き味噌」「御膳味噌」「青唐辛子入り味噌」がある。

Ⅱ　食の文化編　　75

1992年度・2012年度の食塩・醤油・味噌の購入量

▼徳島市の1世帯当たり食塩・醤油・味噌購入量（1992年度・2012年度）

年度	食塩（g）	醤油（mℓ）	味噌（g）
1992	2,280	11,039	9,941
2012	1,872	5,326	6,216

▼上記の1992年度購入量に対する2012年度購入量の割合（%）

食塩	醤油	味噌
82.1	48.2	62.5

　1992年度の食塩の購入量に対する2012年度の購入量が約82％である。20年間経過しても購入量に大きな変化がみられないのは、郷土料理のアジの押しずし、こけらずし、ぼうせの姿ずし、太刀魚のにぎりずしなどを作るのに食塩を使うからとも考えられる。最近は、麺つゆやだし醤油の利用が便利なので、醤油そのものの購入量が減少する一因と考えられる。

地域の主な食材と汁物

　山の多い徳島県の農業は野菜が中心である。コメの栽培が難しく、雑穀、とくにソバの栽培が多い。郷土料理の「そば米」は、そばを塩ゆでした後に乾燥してから、殻を除いたものをそば米とよんでいる。これは、雑炊で食べる。

主な食材

❶伝統野菜・地野菜

　阿波みどり（シロウリ）、阿波晩生1号（ダイコン）、ごうしゅいも（ジャガイモ）、なると金時、スダチ、その他（なるとブランド野菜）

❷主な水揚げ魚介類

　シラス、タチウオ、サバ、メバチ、ハモ、アワビ

❸食肉類

　阿波尾鶏

主な汁物と材料（具材）

汁　物	野菜類	粉物、豆類	魚介類、その他
そば米汁 （そば米雑炊）	ニンジン、サトイモ、カブ	そば米	味噌汁
石井ほうれん汁 （食育）	ほうれん草、キャベツ		淡口醤油味（ダシ）
すじのり汁			淡水産藻類
れんこんみぞれ汁	オクラ、レンコン	豆腐	なると、醤油仕立て
ふくさ汁			ハマグリ、昆布（だし）調味（白味噌／赤味噌）
キュウリとそうめんの味噌汁	キュウリ	そうめん	いりこ（だし）、味噌仕立て
あおさ汁		豆腐	アオサ、シラス、醤油仕立て
豆腐八杯		豆腐	いりこ（だし）、醤油仕立て

郷土料理としての主な汁物

- **ふくさ汁**　松野町地区の正月の年始の客に、酒と蒸したご飯とともに「ハマグリのふくさ汁」を供する。「ふくさ」味噌とは、白味噌と赤味噌を混ぜたものである。春にはくずしはんぺん、豆腐、春菊を使う。
- **キュウリとそうめんの味噌汁**　木頭地区では、家族みんなで食べる味噌汁である。たくさんの季節の野菜を具にした味噌汁で、惣菜と間違えるほどである。
- **あおさ汁**　由岐町の磯で冬から春にかけて生えている「アオサ」を具にした醤油で味を付けた澄まし汁。具にシラスを入れると、シラスからのダシで一層美味しくなり、シラスのカルシムも期待できる。
- **豆腐八杯**　美味しいので8杯もお代わりするので、この名がある。一般にはイリコのだし汁を使った醤油味の澄まし汁で、具には豆腐も入れる。ワカメの特産品をもつ鳴門市の郷土料理。
- **ふしめん味噌汁・お吸物**　「ふしめん」とは、素麺の製造過程で、素麺

Ⅱ　食の文化編　　77

を延ばすために箸で上下にひっぱるときに、箸に当たる部分の麺が平た
く節のようになる。その部分は商品にならない。素麺そのものよりコシ
が強く、味噌汁や吸物の具に利用すると歯ごたえのある具となる。三味
線のバチに似ているから「素麺ばち」というところもある。

- **れんこんのみぞれ味噌汁**　徳島県はレンコンの生産量も多いので、レン
  コンの普及に考案したレシピ。レンコンを擦りおろして、だし汁で作っ
  た味噌汁に入れる。学校給食のメニューに取り入れている。
- **そば米雑炊**　そばを茹でて殻を除いたものがそば米またはそば麦とよぶ。
  だし汁と醤油で味をつけて茹でる。小さく切った鶏肉、蒲鉾、ちくわな
  どを入れる。

伝統調味料

地域の特性

▼徳島市の1世帯当たりの調味料の購入量の変化

年　度	食塩 (g)	醤油 (ml)	味噌 (g)	酢 (ml)
1988	2,993	16,620	10,354	1,743
2000	2,251	8,352	8,139	2,979
2010	2,986	6,816	5,752	2,607

　徳島県の阿波地方は、昔からダイコンが栽培されていて、それを沢庵や切り干しダイコンに加工している。とくに「阿波沢庵」は、明治27（1894）年に、久米伊勢吉という人が考案したものといわれている。阿波沢庵のためのダイコンの品種、漬けるときの塩と糠の割合、漬ける時期、熟成中のアルコール発酵状態などは、県の農業試験所が徹底的に研究して、特産となる「阿波沢庵」をつくり上げたと伝えられている。漬物に適した品種は阿波晩生といわれているが、現在の栽培量は減少しているらしい。

　徳島市の1世帯当たりの調味料の購入量は、他県の県庁所在地とは大差がないが、醤油の購入量が少し多い傾向がみられる。沢庵の生産地が阿波方面のためか、徳島市内の人々の調味料の購入量には影響していない。

　徳島の代表的調味料は「阿波三盆」という砂糖である。京都の和菓子には欠かせない甘味料である。阿波で砂糖の生産が盛んになったのは、享保12（1727）年に、8代将軍・徳川吉宗がサトウキビの苗を沖縄から取り寄せて栽培し、讃岐生まれの平賀源内が、宝暦元（1751）年に、三盆白という色の白い精製糖を試作したことに始まると伝えられている。「三盆」とは、三度盆を取り替えながら揉んで精製脱色することで、この操作によって得られた白砂糖が「三盆白」とよばれた。三盆白という砂糖で有名な徳島であるから、他県よりも砂糖の購入量が多いかと思われがちだが、大差はない。

Ⅱ　食の文化編

2010年度の四国の県庁所在地の住民の1世帯当たりの砂糖の購入量は、徳島5,848g、高松6,664g、松山5,815g、高知3,807gであった。高知の1世帯当たりの購入量が少ないのは興味あるところである。

　外郎（ういろう）という蒸し菓子は、江戸時代からつくられている。小田原が発祥地で名古屋やその他の地域に名産品と名のつく外郎は多い。徳島県の「阿波外郎」は旧暦3月の節句には、各家庭でつくる。アズキの漉し餡・もち米の粉・砂糖・塩を混ぜ合わせてよく練り、蒸し籠の中で蒸した蒸し羊羹に似たものである。家庭で外郎をつくるから、四国内でも徳島は砂糖の購入量が多いのかもしれない。

　徳島は麺の食文化の発達しているのは、讃岐うどんの影響があるのかもしれない。「そば料理」「半田素麺」「たらいうどん」がある。そば料理には割り子そば、そば飯、そば雑炊、そば饅頭などがある。そば米にニンジン・サトイモ・カブを入れるそばみそ汁という面白いそば料理もある。半田素麺は、播州や小豆島の素麺よりやや太めである。たらいうどんは、もともとは野趣豊かな樵料理であったが、現在は山芋入りのコシのあるうどんを小さなタライに湯だめして客に提供する。どちらの麺つゆも吉野川や園部川でとれるゴリ（ジングク）をだしにしている。地歩域により、麺つゆのだし汁はいろいろと工夫されているのは、各地にみられる。

知っておきたい郷土の調味料

　県の全面積の約8割は山地である。平野部は吉野川に沿った地域に限られている。吉野川の伏流水は、味噌や醤油に必要な麹の働きを促しているのである。

醤油・味噌

● **柚子や酢橘を入れた醤油**　徳島県は酢橘（スダチ）の生産地として知られている。酸柑とも書く。ダイダイに似たかんきつ類の一種である。徳島県でも阿波地方で多く栽培されている。爽やかな酸味と香味が、生ガキやフグ料理、サンマの塩焼き、土瓶蒸し、鍋料理をより一層美味しく食べさせてくれるかんきつ類である。この酢橘の果汁を混ぜた「酢橘入り醤油」がある。醤油の香りの中にほのかな酢橘の香りが、醤油の香りを抑えてくれる。酢橘に似た柚子もかんきつ類で、徳島での収穫が多い。

この果汁を混合した醤油は、生臭さを抑える働きがある。味噌に酢橘の皮、蜂蜜を入れてマイルドな味に仕立てた「おかず味噌」で「楽し味噌（すだち味噌）」の名で販売している。

- **ねざし味噌を製造・販売**　大豆で作る「豆みそ」は、徳島では「ねざし味噌」といわれる独特の香りと濃厚なうま味がある。

- **七穀味噌**　栗・モチキビ・タカキビ・ヒエ・ダイズ・米・大麦を仕込んだ味噌で、雑穀味噌ともいわれている。栗・タカキビ・モチキビ・ヒエ・大豆を仕込んだ味噌は、五穀味噌といわれている。いずれも四国三郎吉野川の清水を仕込み水としている。㈲志まや味噌という創業・明治32（1899）年の会社が製造・販売している。みそ汁、合わせ味噌に使われる。この会社は、野菜、海藻を加えたみそ汁用の製品も作っている。忙しい人には便利な商品である。五穀、七穀を加えて仕込むことにより、穀類の栄養素が健康によいことから考案された味噌のようである。穀類を使う発想は、徳島県は古来「阿波の国」といわれたことから「阿波」を「粟」に結び付けて穀類を使うという発想が生まれたそうである。

- **阿波の味噌焼**　焼き味噌皿に塗り込んだ御膳味噌を火鉢に逆さに吊るして焼いて食べる。

- **ご膳味噌**　㈲志まや味噌で製造販売している味噌で、糀の割合を多くして醸造した味噌で、やや甘口で、香りがよい。味噌には糀が残って見える。

- **おかず味噌「青とうがらし」**　徳島の物産である青トウガラシを1年間塩漬けする。この間に乳酸醗酵が進むので、1年後に塩を洗い落とし、細かく刻んで、手作り味噌と和えたもの。昔ながらの農家の「おかず味噌」である。ご飯のおかずや酒の友によい。

食塩

- **徳島の塩の歴史**　鳴門地域による製塩遺跡から、5〜6世紀頃から塩づくりが行われていたと推測されている。慶長4（1599）年には藩主・蜂須賀氏が兵庫県の赤穂から技術者を招いて、入浜式塩田を開いた。明治、大正時代になると鳴門地域の一大事業となったこともあった。

ゆず・すだち

徳島県は柚子や酢橘を使った調味料が多い。

- **調味料としての柚子・酢橘**　徳島県の名産品となっている柚子や酢橘は調味料として使われている。柚子はかんきつ類の中でも酸味が強く、生食には向かないが、薬味や風味づけに刺身、すし、吸い物、鍋物などに使われる。果汁は酸味料として使われる。柚子の果汁を味噌に入れた柚子味噌は、風味がよく利用範囲が広い。酢橘は柚子の近縁で果実は小さく、多汁で、その酸味は強く、薬味や風味づけに柚子と同じように使われる。

- **鬼うますだち胡椒**　徳島産の地域資源の酢橘と唐辛子を利用した辛味調味料である。酢橘は佐那河内産、唐辛子は辛味の強い「みまから」という種類を使っている。鍋物、麺類、おでんの薬味に使われる。この辛味調味料を使う場合には、一つまみの胡椒を振りかけると、酢橘と胡椒を合わせることにより心地よい辛さを感じる。

- **酢橘酢とポン酢**　酢橘酢は酢橘の果汁をいい、ポン酢は主にダイダイの果汁をいう。ポン酢として酢橘、カボス、レモンの果汁を使うこともあるので、酢橘酢とポン酢は同じ場合もある。普通、酢橘やダイダイ、レモン、カボスなどかんきつ類の搾り汁に醤油を混ぜて使う。この混合物をポン酢醤油という名で使う。酢橘は、柚子と同じように果汁はもちろんのこと果皮も薬味として使われる。かんきつ類の皮は、おろし器でおろして薬味に使う。その香りは和食のアクセントを十分に引き出してくれる。

- **徳島産酢橘果汁100％天然調味料**　徳島の酢橘酢は、徳島産酢橘の果汁100％での自然調味料として、徳島の名産として販売を広げている。

- **徳島産酢橘の天然調味料**　徳島産の酢橘を主に、徳島の代表的かんきつ類系の果汁（柚子など）をブレンドし、天然の鰹節、昆布、シイタケなどのだし汁と、本醸造醤油を混合して作った調味料である。酢橘などのかんきつ類系の風味を強調している。

ソース

- **ルナロッサトマトソース**　徳島産フルーツトマト「星のしずく」を皮ま

で丸ごと使って仕上げたトマトソース。クラシック音楽が聞こえ、ハーブの香りの漂うハウスで、有機肥料で減農薬で栽培した特別なフルーツトマトを原料にして作ったトマトソースで、トマトのもつ甘みが味わえるトマトソースである。ベークドポテトなどシンプルな料理でも十分に満足できる。

郷土料理と調味料

- **うず潮兜鍋**　マダイの兜（頭部）を他の具（野菜、豆腐など）と一緒に鍋に入れ、煮ながら食べる。味付けは、各自の好みであるが、徳島流なら酢橘の果汁と醤油を小鉢に入れ、針ショウガを添える。爽やかな味で食べる。
- **マダイのピリ辛がゆ**　乾煎りしたそば粒（そば米）、炒めて千切りした長ネギ、マダイの刺身をご飯に盛り、すり下ろしたワサビをのせ、また、ラー油、粉サンショウをかけ、熱湯をかけて食べる。

Ⅱ　食の文化編

発　酵

藍染

◆地域の特色

昔、アワが多く穫れたことから「粟国（あわのくに）」、令制国では「阿波国（あわのくに）」と呼ばれていた。北部の徳島平野を除いては全体的に山地の多い地形で、特に徳島平野以南にそびえる四国山地は西日本でも有数の険しい山岳地帯となっている。山間部からは吉野川、勝浦川、那賀川など、水量の豊富な河川が多数流れ出しており、豊かな水資源をもたらしている。河川が少なく水不足に陥りやすい隣の香川県とは対照的である。

一般的にどの地域も温暖で、夏季と秋季は多雨となり冬季の降水量や降雪量は少ない。吉野川北岸地域、河口付近では野菜の生産が盛んであり、主に京阪神方面へと出荷されている。鳴門金時、スダチ（県内各地、主に神山町）、レンコン（鳴門市）、アユ（吉野川、勝浦川、那賀川など）などが名産となっている。瀬戸内海、紀伊水道、太平洋と三つの海に面しており、古くから沿岸漁業が盛んで、マダイやシラス（チリメン）、ハモ、アワビ類など、さまざまな魚介類が漁獲されるほか、ハマチやワカメ、海苔類などの養殖も盛んである。また、吉野川をはじめとする河川ではアユ漁などが行われている。

◆発酵の歴史と文化

藍染とは、蓼藍の葉を使って深いブルーの色に布を染める、江戸時代から続く伝統的な染め方で、灰汁発酵建（あくはっこうだて）と呼ばれる。まず、蓼藍の葉を100日かけて発酵させ、蒅（すくも）（染料のもと）を作る。発酵すると藍の色素が水に溶けるようになり、これを使って布を染色する。布に移った色素は青くないが、空気に触れることにより酸化されて深いブルーの色に染まる。

阿波国の大名であった蜂須賀家政は1625（寛永2）年に、「藍方役所」を設置して藍の栽培、製造の奨励を行った。その後の歴代藩主も奨励政策をとり、ますます盛んになり、1700年代には全国市場を支配した。明治時代

に入ると紡績業の発達や綿製品の増大によってさらに需要が拡大し、最盛期の1903（明治36）年の藍作付け面積は15万haに達したが、その後、安価な合成染料の輸入によって明治後半には急速に衰えた。近年の藍作付け面積は10～20haで、約5軒の藍製造業者により徳島の特産品として阿波藍は作られている。

◆主な発酵食品

醤油 通常の濃口のほか、やや甘口の混合醤油が好まれる。1826（文政9）年創業の福寿醤油（鳴門市）、天真醤油（三好市）などで造られている。

味噌 米麹をたくさん使った赤系甘口味噌「御膳みそ」が徳島県の名産となっている。阿波藩主蜂須賀公の御膳に供されたことに由来する。志まや味噌（徳島市）、ヤマク食品（板野郡）、かねこみそ（板野郡）などで造られている。ねさし味噌は、蜂須賀公が尾張から阿波に移られたときに、その製法が伝えられたとされる豆味噌で、長期間「寝さし」て熟成させることからその名が付いた黒褐色で、独特の香り、濃厚な旨みがある。

日本酒 剣山山系や阿讃山脈、四国山脈から流れ出た豊かな水にめぐまれた徳島では、その風土に根ざした多種多様な味わいの酒が造られており、吉野川や那賀川を中心に、上流から下流まで各所に蔵がある。1814（文化11）年創業の花乃春酒造（鳴門市）をはじめとして、齋藤酒造場（徳島市）、本家松浦酒造場（鳴門市）、那賀酒造（那賀郡）、司菊酒造（美馬市）、芳水酒造（三好市）、三芳菊酒造（三好市）など、約20の蔵がある。

焼酎 名産の鳴門金時を使った芋焼酎が、鳴門金時蒸留所（名西郡）などで造られている。

ワイン 徳島で栽培したブドウを使った「とくしまワイン」が日新酒類（板野郡）で造られている。

阿波晩茶 那賀郡那賀町、勝浦郡上勝町などで作られている、乳酸発酵させた後発酵茶である。その製造技術は、お茶を作る技術としては全国で初めて、2021（令和3）年に重要無形民俗文化財に指定された。作り方は、釜で茹でた茶葉を樽に入れ、空気が入らないように密閉して漬け込むことで乳酸発酵させる。2～4週間漬け込んだら、ムシロなど

Ⅱ　食の文化編　　85

の上に広げて乾燥させる。あまり渋くなく酸味が感じられる。

阿波沢庵　　　干したダイコンを塩と糠で漬け込んで作る、阿波地方で食べられる沢庵漬けである。大正時代～昭和初期までは、徳島は全国一の沢庵産地であった。

刻み漬け　　　さまざまな野菜が穫れる徳島では、さくら漬け、青キュウリ漬けなど、食べやすく刻んだ漬物が好まれている。

鯵の押し寿司　　　小型のアジを塩漬けにし酢飯にのせて押し固めた押しずしの一種であり、県南部で食べられる。

ボウゼの姿寿司　　　イボダイを頭のついた丸のままで背開きにし、酢で締め、すし飯を詰めて押しずしにした県北部に伝わる郷土料理である。

◆発酵食品を使った郷土料理など

でこまわし　　　三好市祖谷地方の郷土料理で、「でこ」とは人形浄瑠璃の阿波木偶人形に似ているところから名付けられたといわれている。在来種のごうしいもという芋と豆腐、こんにゃくを串に刺したものをくるくる回しながら焼き、味噌ダレを付けて再度焼いたものである。

半田そうめん　　　美馬郡つるぎ町に伝わるやや太い素麺であり、麺のつゆは白く、淡口醤油で仕上げられる。

ふしめん　　　半田そうめんを作るときに出る「ふし」を使ったつるぎ町の郷土料理である。このふしめんを具と一緒にだし汁の中に加え、醤油で仕立てたふし汁は正月料理として人気がある。

あめごのひらら焼き　　　あめごはアマゴのことで、熱した石をホットプレート代わりにして、あめごを味噌焼きにするという郷土料理である。

◆特色のある発酵文化

藍染　　　藍染は、江戸時代から続く伝統的な染め方で、藍建て発酵は、まず、藍の葉を乾燥させて丸めて蒅を作る。次に、この蒅を灰汁やふすま、酒などを入れた大きな甕に入れ、発酵させる。藍の葉に含まれるインディゴ色素は水に溶けないが、発酵により還元されると水溶性となる。これに、布を浸漬しただけでは青く染まらないが、染液から出して空気に

ふれた途端に酸化されて、青い色素に変化する。それと同時に再び不溶性になって布に閉じ込められる。藍染を施した布には消臭効果や虫よけ効果などがあるといわれる。

◆発酵にかかわる神社仏閣・祭り

宇志比古神社（鳴門市）　甘酒祭り　　鎌倉時代より連綿と伝わる祭りで、10月第2日曜日の前日に行われる。全国的にも珍しい黒米（古代米）をうるち米と混ぜて甘酒が作られる。

◆発酵関連の博物館・美術館

阿波の藍染しじら館（徳島市）　徳島県の無形文化財に指定されている藍染の技法が見学できる。また、しじら織りの起源や工程、しじら織りと藍染の特色などがパネルで説明されている。ハンカチの藍染体験実習もできる。

勢玉酒蔵資料館（徳島市）　登録有形文化財にも指定された酒蔵で、当時の酒造りに使用した道具などが展示されている。

◆発酵関連の研究をしている大学・研究所

徳島大学生物資源産業学部、大学院社会産業理工学研究部

藍染染料のもととなる葉を作る工程に関与している微生物の研究などのほか、ブルーベリーから見つけた酵母を使用したビール（ベリーエール）の製造などの研究も行っている。

発酵から生まれたことば　出藍之誉

　弟子が、その技術や能力において、師匠を超えることをいう。もとになったものより、そこから出てきたものの方がすぐれているという意味で使われる。「青は藍より出でて藍より青し」ともいう。

　藍染に使われる藍は、たで科の植物で、葉に含まれる色素は青くないが、藍建て発酵により布をくっきり青く染める染料が作られる。

　元来は、中国戦国時代末（紀元前3世紀頃）の思想家の荀子が説いた言葉である。このことからも、藍染は世界で古くから行われていたことがわかる。

コラム　世界の藍染

　「ジャパンブルー」とも呼ばれる藍染は日本の伝統的なものと思っている人も多いかもしれないが、実はそうではない。古代エジプトでは、紀元前2400年頃と思われる布に、藍染の糸が織り込んであるのが見つかっている。また、インド、中南米、ヨーロッパなどでも古くから行われていた。ただし、藍染に使われる植物は、日本ではタデ科のタデアイが主であり、沖縄ではキツネノマゴ科のリュウキュウアイだが、インドではマメ科のインドアイ、ヨーロッパではアブラナ科のウォードが使われていた。これらの植物には、いずれも青色の染料になるインディゴが含まれている。

和菓子/郷土菓子

滝のやき餅

地域の特性

　徳島県は四国の東部に位置し、北と西には大きな山脈があり、隣県の香川、高知、愛媛とは隔てられている。東方と南方は海に開かれ、特に東方は京阪神に向いており、政治・経済の交流が深かった。近年も本州との連絡橋「神戸・鳴門ルート」が開通し、より身近となっている。

　気候は一般に温暖だが、古来、山が多く米よりもアワが多く収穫されるため「粟国（あわのくに）」とされ、後に「阿波国」となる。そしてこの国は米を作らず繭、生糸、藍、阿波和三盆糖などの商品作物の生産地帯として有名となった。

　阿波和三盆糖は、「竹糖（ちくとう）」とよばれるサトウキビから作る高級な砂糖で、和菓子には欠かせなかった。1776（安政5）年、旧板野郡松島村に住む丸山徳弥が、決死の覚悟で日向から甘蔗（サトウキビ）の苗を持ち帰り栽培したのが最初。茶褐色の白下糖（しろしたとう）を酒絞りの技術から白く仕上げる精製法を考え、この砂糖づくりは徳島藩の尽力もあり全国的に広まった。そして今日なお、上板町の岡田製糖所にまでその技術が伝えられ県の経済を支えている。

地域の歴史・文化とお菓子

徳島市民遺産・400年の味「滝のやき餅」

①名水が決め手の名物やき餅

　徳島市のシンボル眉山（びざん）の山麓には、寺町があって、多くの寺院が軒を連ねている。俗に徳島で多いものは「お医者さんとお寺」といわれ、一帯の寺院には明治期に初来日したポルトガルの海軍軍人で著述家のモラエスや江戸時代の名妓・夕霧など著名人の墓がある。ここに寺院が多いのは、藩政時代蜂須賀氏25万石の城下町であったことで、平時は宗教活動の場だ

Ⅱ　食の文化編

が、戦時には軍勢の宿所となったのである。

蜂須賀氏が阿波国に入国したのは1585（天正13）年で、徳島城は翌年の1586（天正14）年蜂須賀家政が吉野川河口の三角州に位置する標高61mの城山に築いた平山城である。川に囲まれた地の利を生かした町づくりが行われたが、この地は水質が悪く、井戸は飲料水としては適さず、城下の人々は城山の西方に位置する眉山々麓の水を飲み水として買い入れていた。眉山周辺には多くの湧水があり、中でも「錦竜水」は藩主が飲料水にしていた水で「滝のやき餅」はこの水が使われていた。

②徳島城下の水事情

眉山周辺には鳳翔水、八幡水、春日水、菩薩水、桐の水、蔵清水、雲龍水、青龍水、そして錦竜水とたくさんの湧水がある。眉山は万葉集にも詠まれた優美な山並みをし、山麓には吉野川下流の各支流が複雑に入りこんでいて豊かな湧水を生んでいた。そうしたなか徳島藩は1676（延宝4）年に、16人の水売りを認可し、町に水番所を設置し、寺町の錦竜水、東山手町の瑞巌水、鳳翔水、西富田の八幡水などが城下で売られていた。

徳島市内の水売りは、荷車に2斗入りの水桶8個をのせて売り歩いていた。水の必要な人は「水要」と書いた木札を家の前に掲げておく。水は大きな水がめに入れて大事に使用していたのである。

徳島市内の水売りは、1926（大正15）年に上水道ができるまで続いた。

③「滝のやき餅」の歴史

「滝のやき餅」は、湧水豊かな大滝山の麓・厄除けで知られる「滝薬師」の傍らに、茶店が3軒あってそこで作られ、売られている。その起源は明確ではないが蜂須賀家政が徳島城を築いた際、献上されてその美味しさから藩主の御用水であった「錦竜水」の使用が特別に許可された。以後、藩主・蜂須賀家の御用菓子として名声を上げたとされる。

400年の歴史がある「滝のやき餅」は、現在も「錦竜水」で炊き上げた小豆餡を使い、皮はもち米とうるち米を丁寧に石臼で挽き、天日で干したものを使っている。手間ひまかけ、昔ながらの製法で作られている。

④400年の歴史の味わい

数年前、筆者が訪ねた茶店は「せと久」というお店だった。江戸時代から続き当時で8代目。今も毎日「錦竜水」で4時間かけてしっかりアク抜きした小豆で漉し餡を作り、米粉の生地を捏ねていた。

滝薬師の境内の一部のような店の前には、緋毛氈（ひもうせん）の縁台があって、店内に入ると客の注文のつど、店主が焼いてくれる。まず楽しかったのは、窓際に置かれた丸い鉄板の両側に店主夫妻が座り、手品のように餅を焼いていく。右側の奥さんが、捏ね鉢の中の米粉の生地を少し握って薄く延ばし、手早く餡を包み鉄板の上にのせる。左側の御主人が素早くその餅に木製の菊花の押し紋を付ける。そして両面をこんがり焼いて出来上がり。単純な作業だが年季が入り、米粉の香ばしさ、紫色に透き通った漉し餡、サクッとした歯触り、餅というより煎餅に似た薄さで、口の中で全体がとろけるようであった。

　この焼き餅は、冷めても美味しい。それは眉山の名水・「錦竜水」に秘密があった。そして最近、この焼き餅は「徳島市民遺産」に選定された。嬉しいことで、いつまでもこの素朴な味が残っていてほしいものである。

行事とお菓子

①正月14日の「おいわいしょ」

　旧土成町（どなりちょう）（阿波市）宮川内（みやごうち）地区では、かつて小正月の14日に子供たちが木綿の巾着袋を作ってもらい、各家々を回ってお菓子を貰う「おいわいしょ」という行事があった。お菓子はいろいろあって、「黒麦」は小麦粉に黒砂糖を混ぜて焼いたもの。「しろわ」は、外側に砂糖の結晶が付いた生姜入りの小麦粉の焼き菓子で、小さな輪の形をしていた。金平糖もあって、大人たちはこれらを買い揃えて待っていた。家によってはお餅やお米、お金を用意している家もあった。

②端午の節供のかしわ餅

　吉野川北岸地区では、サルトリイバラ（別名ガリタチ）の葉を山からとって来て餡の入った小麦粉団子を包んで作る。

　阿南方面ではもち粉と米粉を練った皮に餡を包み、この地方でもサンキライ（サルトリイバラ）、ニッキの葉で包んで蒸す。

　那珂川下流の旧羽ノ浦町（阿南市）では樫の葉2枚で餅を包む。餅は米粉ともち粉を水で練り、蒸してから小豆餡を包むものと、餡を一緒に練り込んで蒸したものとある。2枚の樫の葉で餅を甑（こしき）に並べて蒸す。この樫の葉のかしわ餅は、土用の入りや虫祈祷（むしきとう）（田の虫の駆除）の時にも食べる。

Ⅱ　食の文化編　　91

③旧木頭村と旧東祖谷山村の端午の行事

　旧木頭村（那賀町）では５月５日は「厄日」として仕事をせず１日休む。４日の晩にはカヤとヨモギを束ねて屋根に放り上げ、ショウブの葉も厄除けとして使う。５日には頭痛が起きないようショウブの葉で鉢巻きをし、ショウブの葉を匙にして、はったい粉（裸麦の炒り粉・麦こがし）を食べ、番茶を飲んだ。

　旧東祖谷山村（三好市）では、「まき」を作る。小麦粉に塩を入れてよく練り、細長い形にしてヨシの葉５枚で巻いてシュロの葉を裂いて紐にして巻いて茹でる。この茹で汁で足を洗うとはめ（毒蛇）に咬まれないとされた。100も150も作り、冷めたらまた茹で、囲炉裏で焼いても美味しい。ショウブの葉はお茶の薬缶に入れて飲む。ショウブは頭や腹に巻いて病を防いだ。

④お盆の「池の月」

　「池の月」は米粉に砂糖を加えて捏ね、薄く「麩焼き」にして表面に糖蜜を塗る。食紅で彩色され、これを徳島では「池の月」とよび、お盆やお彼岸の仏前に供える。また一方これを「お嫁さんのお菓子」ともよび、婚礼時などに「配り菓子」として数枚を小袋入れて子供たちに手渡した。

　徳島市内の菓子店「日の出楼」には、明治期モラエスが着物を着て「池の月」や「和布羊羹」を買いに来たという。

⑤誕生と仏事の「青貝」と「おぼろ饅頭」

　子供が生まれると、配り物として赤飯が定番だが、旧阿波町・吉野町（阿波市）では「あおがい（青貝）」と「おぼろ饅頭」が用いられる。「青貝」は漉し餡のたっぷり入った約10cmの大きな餅菓子で、主に冬季に用いられる。「おぼろ饅頭」も冬季に用いられ、「青貝」より小ぶりの「腰高饅頭」である。これらを重箱に詰めて配られた。また、不祝儀の際にも「青貝」や「おぼろ饅頭」が用いられる。この時は饅頭も緑や白で作られ、蓮花などの焼き印が押される。

　「青貝」の名は、かつて冠婚葬祭の贈り物を入れた行器の装飾に、青貝の螺鈿が施されていたことによるようだ。

⑥徳島市内の仏事饅頭

　徳島市内では「唐草饅頭」があり、小麦饅頭を平らにして唐草模様の焼き印を押す。普段は白だが、お盆やお彼岸には白、緑、ピンクの３色。仏

事の土産や祭壇にはやはり「青貝」が用いられ、ここでは羽二重餅に漉し餡を包み、色は赤、緑、白の3色。1個の重さが150gという大きなもので、食べる人は少数になったが、祭壇のお供え用に作られている。

⑦鳴門の胡麻砂糖赤飯

　鳴門地方では、赤飯は胡麻塩ではなく「胡麻砂糖」、それも白胡麻で食べ、赤飯も蒸す際に砂糖を加える。この地方はかつて塩田が盛んだったので、せめてお祝いの時には甘い物を食べたいということから習慣になったという。赤飯を甘くする食べ方は、秋田や青森、北海道でも行われている。

知っておきたい郷土のお菓子

- **和布羊羹**（徳島市）　1852（嘉永5）年創業の老舗・日の出楼本店の徳島銘菓。特産の鳴門わかめを粉末にし、手亡（白インゲンの一種）、白ザラなどを加えた高級品の本煉り羊羹。苦心の末に完成させ1910（明治43）年に発売。モラエスも、日の出楼にこの羊羹を買いに来ていたという。

- **阿波ういろう**（徳島市など）　江戸時代よりこの地方では、旧3月3日の節供にういろうを各家で作り食べる習慣があった。江戸時代中期に阿波和三盆糖ができ、徳島藩主や領民一同が祝ったのが最初とされる。

- **澤鹿・小男鹿**（徳島市）　鹿文明堂の「澤鹿」、富士屋の「小男鹿」は、どちらも徳島の銘菓。山芋と和三盆の素材感を生かした棹物の蒸し菓子。

- **和三盆霰糖**（上板町）　和三盆の岡田製糖所の製品。和三盆の製造過程で最後に篩に残った堅い塊を、潰さず天日乾燥したものが霰糖。堅い和三盆糖の塊だが、貴重な品で深い味わいがある。その他、和三盆糖を型に入れた干菓子。和三盆糖の粉はコーヒーや紅茶によく合う。

- **阿波の麦菓子**（三好市地方）　麦粉を使った昔ながらの素朴な郷土菓子。三好地方は半田素麺やうどんにも使われる良質小麦の産地である。秋の豊作を願う行事で振る舞われる「亥の子菓子」は、黒糖と生姜風味の「黒麦（黒輪）」、それを白砂糖で作った「白輪」などがある。

- **安宅屋羊羹**（三好市）　池田町の安宅屋は、先祖が安宅関にいたことからの屋号で、本煉り羊羹は質の高い羊羹として知られている。安宅関は、石川県小松市安宅にあった関所のことで、「勧進帳」などで知られる。

- **巻柿**（つるぎ町）　つるぎ町一宇特産の赤松柿を使う。1カ月以上寒風

Ⅱ　食の文化編　93

で乾燥させ、種を抜いたものを巻き固めて竹の皮で巻く。さらに稲わら
で包んで縄で強く巻いて仕上げる。平家の落武者が甘みをとるため、柿
を保存用に竹筒に入れたのが始まりと伝えられる。

- **貞之丞だんご**（つるぎ町）　一宇の生活改善グループが定期的に作る。
  だんごとよばれるが、ヨモギ入りの小麦饅頭。今から300年前に実在し
  た庄屋の谷貞之丞は、年貢が払えず困窮していた村人を救うため、藩主
  に直訴して処刑された義人。彼の業績を伝えている。
- **ぶどう饅頭**（美馬市）　"武道信仰"で知られた霊峰・剣山に因み、「ぶ
  どう饅頭」として創製されたもの。白餡に砂糖や蜂蜜で甘味付けし、ブ
  ドウの粒状に丸めクズをまぶし、竹串に刺して蒸し上げる。飽きのこな
  い郷土の味。

乾物 / 干物

灰干し若芽

地域特性

　阿波の国徳島は四国の南東に位置し、東は紀伊水道に面し、南は太平洋に面し、讃岐山脈と四国山脈に源を発する吉野川が広大に流れている。平野は吉野川下流の徳島平野のみであり、平地が少なく、全体的に山間地が多い。多くの山間地は、西日本でも有数の険しい山岳地帯から流れる吉野川、勝浦川、那賀川など豊富な河川を有し、瀬戸内の鳴門の渦潮や祖谷渓かずら橋などがあり、観光地としても有名である。また、明石海峡大橋が1998（平成10）年に開通し、徳島と本州が直結し、瀬戸大橋もつながり、四国との交通や物流も大幅に改善され、大きく変貌した。

　気候的には一般的に温暖で、冬季の雨も雪も少ない、瀬戸内海式気候である。県内は県北部、県南部、県西部と大きく3つに分かれる。気候が比較的安定していることから、鳴門わかめや海苔、淡路島素麺、玉葱、ちりめん、半田手延べそうめん、海産物などの産物も豊富である。

知っておきたい乾物 / 干物とその加工品

青海苔　アオサ科の緑藻であるアオノリを乾燥した製品。スジアオノリ、ボウアオノリ、ヒラアオノリ、ウサバアオノリなどアオノリ属の海藻全般を総称して青海苔と呼んでいる。全世界に分布しているが、静かな内海や、河口付近の海水と真水が混じり合う低塩分区域に生育する種もあれば、高塩分の外海に近い岩礁に生育する種もあり、適応性が高い。中でもスジアオノリで作られた青海苔がおいしいとされている。スジアオノリは体長が1m以上に成長する大型種である。見た目はヒラアオノリに似ているが、少し葉体が大きいボアアオノリは日本をはじめ南アメリカ、ヨーロッパなどで生育している。

　四国最大の大河である吉野川の周辺の河川口で、11月～翌1月ごろが収穫期となる。スジアオノリは細い糸状の形状をしており、水洗いした後、

Ⅱ　食の文化編　　95

脱水、乾燥して製品化する。徳島産青海苔は毎年80t以上も採れ、スジアオノリとして国内最大である。特に色がよく風味がよいことから、お好み焼き、大根おろし、海苔餅などに用いられる。徳島県のほか、高知県、岡山県、愛媛県なども産地である。

阿波長ひじき

徳島産阿波長ひじきは、鳴門の渦潮海流にもまれ、原藻が他産地のものと比べて太く大きいのが特徴だ。蒸して乾燥する一般的な製法ではなく、「煮干製法」で作られる。短時間で調理でき、膨張率が高く、ふっくら柔らかく、味がよく、芯まで浸み込む。必要以上の塩抜きを行わないため、ひじきの風味が豊かなところが特徴である。

灰干しわかめ

徳島県鳴門産のワカメを採取して灰にまぶして7～10日間ほどおいて乾燥したものである。灰干しにすることで鳴門わかめが緑色に保たれると共に、歯ごたえがよく、おいしい。近年は衛生管理上問題があり、灰干し用の木炭の製造が難しいなどの理由で製品は少ないが、生産はされている。

阿波徳島半田手延べ

半田手延べの歴史は古く、300年前の藩政の時代、徳島の城下町麻植、美馬、そして上流の三好地方への物資の運搬はもっぱら捨石船に頼っていた。半田手延べは当時、その川の船頭衆の手によって奈良三輪の里より淡路島、そして鳴門海峡を経て半田の里に、その麺作りの技法が伝えられた。

四国山脈から吹き降ろす冷たい風と剣山系の伏流水、そして良質な小麦粉の内部胚乳の部分を主体に作られる。麺作りに適した気候、冬寒く乾燥した山間部の常連工場が一番大切な水を山奥から引くことにより、強い腰ともっちりした歯ごたえ、喉ごしが職人の手により伝えられてきている。さらに、原料は伯方の塩、紅花油を使っている。半田手延べ素麺は他産地の素麺と違い、麺線がやや太いのが特徴で、人気がある。

花切り大根

花切り大根は加工する前の大根を延べ1か月間もかけて天日乾燥し、仕上げるには大変日数がかかる。吉野川平野で育った大根の横の断面が扇形になるように、数本縦割りにする。長いまま天日乾燥し、細かく裁断した後に機械で乾燥する。名前の通り、水に戻すこと30～40分間で花の形のように戻り、煮ても歯ごたえがよく、切り干しとはまた一味違う食感が楽しめる。

蓬粉末

蓬はキク科の多年草で、別名餅草とも呼ばれている。蓬の葉はビタミンやミネラルが豊富で、古くから薬草としても使われてきている。中国では乾布薬としても使われている。食用として、食欲改善や餅の中に入れることで柔らかい草餅ができることから、蓬草餅として全国的に食べられている。

薬草としては、炎症止めや保湿の作用があり、抗菌作用や灸のもぐさなどにも作られている。

玄蕎麦徳島産在来

徳島県那賀郡木頭村の在来種、いわゆる「祖谷蕎麦」で、粒はかなり小さいのが特徴である。狭い地域で栽培されているが、生産量は少ないので、この地方での消費が多い。

和田島しらす

徳島県小松島市の和田島漁協では、紀伊水道で捕れるしらすは漁獲から加工まで一貫生産しており、漁師が漁獲したシラスをすぐに加工工場でボイルし、乾燥、釜揚げにすると、おいしいしらすちりめんができ上がる。小さい体の中に滋味はたっぷり含まれている。

蓮根

阿波特産蓮根は、吉野川の豊富な水と温暖な気候、粘土質の土壌で地中深く育てられた「鳴明の逸品」である。「鳴明蓮根」は色が白く、シャキシャキと歯切れよく、口さわやかである。旬は晩秋から冬で、おせちの時期が最盛期で品質もよい。乾燥粉末蓮根も人気がある。

Ⅲ

営みの文化編

伝統行事

阿波おどり

地域の特性

徳島県は、四国の南東を占め、東岸は紀伊水道、南岸は太平洋に面する。北部県境に讃岐山脈、中央部に剣山地がそれぞれ東西に伸びている。讃岐山脈と剣山地の間を、四国山地に端を発する吉野川が東流する。主な平野は、吉野川下流の徳島平野だけで、8割方が山地である。気候は、北部は冬でも晴天が多く、降水量が少ない。一方、南部は、温暖だが降水量が多い。

江戸時代、徳島藩の元で新田開発と殖産興業が進められた。吉野川流域では染料の藍が栽培され、鳴門の塩、山間地のたばことともに藩の重要な財源となった。

現在は、京阪神地域への野菜の一大供給地である。また、「阿波おどり」は全国的に有名である。

行事・祭礼と芸能の特色

県民による行事ではないが、阿波といえば「四国遍路」をとりあげなくてはならない。遍路の起源は古く、平安末期のころには存在した、という。現在に伝わる八十八寺が確立したのが江戸期の元禄・正徳のころ。江戸後期には、全国から信仰を集めることとなった。徳島県には、一番霊山寺から二十三番薬王寺までの23札所がある。

阿波おどりと人形浄瑠璃は、徳島が全国に誇る伝統芸能である。

主な行事・祭礼・芸能

神代踊 平家の落人伝説を残す三好郡西祖谷に伝わる風流踊。天満神社で旧暦6月25日の夏祭りに豊作と無病息災を祈願して奉納される。起源は古く、菅原道真が讃岐守在任中に、大旱魃によって困窮した農民のために、雨乞い祈願として行なったのがはじまり、といわれる。

参加者は老若男女さまざま、化粧と仮装を凝らして集まる。まず、法螺貝の合図ではじまり、編笠の男衆が太鼓を打ち鳴らしながら小唄を歌う。雨降りを表わすという紙飾りのついた花笠をかぶった踊り子たちが、梅鉢模様の扇子を振りながら輪をつくって踊る。また、天狗や獅子、奴などさまざまの扮装をした男女数十名が出て、長刀や竹棒などを振り、太鼓・鉦・笛などにあわせて踊る。ヤヨナ、ハナオドリなど、平安時代初期の発祥とされる古い形態を伝える。大正時代に行啓された皇太子（のちの昭和天皇）の質問に、神代の昔からあった踊り、と答えたことから「神代踊」の名がついたといわれる。

昭和51（1976）年に国の重要無形民俗文化財に指定された。

阿波おどり

日本の三大盆踊りのひとつとして知られる。約400年の歴史があり、夏季になると徳島県内各地の市町村でみられる。なかでも旧暦7月13日から16日に行なわれる徳島市内の阿波おどりは、国内最大規模で、踊り衆と見物人であふれる。「踊るあほうに見るあほう　同じあほなら踊らにゃそんそん」と歌いながら踊り狂うので、「あほう踊」とも「馬鹿踊」ともいわれている。

その起源については諸説あるが、土地の伝えによれば、阿波藩祖の蜂須賀家政が徳島に居城を構えたとき、その築城の祝いに酒を賜った町民たちが喜びのあまり浮かれ踊ったのがはじめ、という。

この踊りの特色は、幾十人もの人びとがそれぞれ集団を組んで、頬かむりをしたり編笠をかぶったりと思い思いのいでたちで、三味線・太鼓・鼓・笛・尺八などで囃しながら町や辻を踊り歩くことである。その動作も、基本的にはただ手足を交互に力強く前に出していくだけの、いわゆる行道の芸で、念仏踊りの古い形態をつないでいる。昔は、「ぞめき踊」ともいい、歌詞はその時々に応じて自由につくられていた。たとえば、「徳島育ちで踊る姿　ぞめき流しで町々へ　大谷通れば石ばかり　笹山通れば笹ばかり猪豆食うてホーイホイホイ」などが代表的な歌詞である。

お御供

10月13日の夜、宇佐八幡神社（鳴門市）で行なわれる。オゴクは、人身御供とも、五穀豊穣の「お穀」であるともいわれる。

当日の夜8時過ぎ、頭屋（当屋）の家から礼装した氏子の男女数十名が行列をなして練り歩きながら神社に向かう。供物（甘酒・鏡餅・麹など）

Ⅲ　営みの文化編　　**101**

の入った桶を白い布で覆い、頭上に掲げて運ぶことから、その行列を「おごく練り」ともいう。

　拝殿に着くと、供物をハンボウという丸い桶に移し、男性は祭壇下で正座し、神主が太鼓を打ち鳴らして祝詞を唱えるなか、女性がそれらを頭上にのせて運び奥段に供える。神職以外の男性が神前に近づくことなく、女性のみで儀式が進行されることが大きな特色である。

人形浄瑠璃

　阿波の人形浄瑠璃は、阿波藩主の保護を受け発達し、藩政時代から大正はじめに至るまで民衆娯楽の王座にあった。もともとは野芝居であったため、語り声は大きく、節まわしは素朴で、人形も大型の木偶が使われた。

　徳島市他6市町村で、阿波人形浄瑠璃振興会をつくっている。犬飼（徳島市）と板州（那賀郡）には古式の農村舞台が現存する。また、阿波十郎兵衛屋敷（徳島市）では定期的に上演もされている。

　なお、阿波の人形浄瑠璃は、平成11（1999）年に国の重要無形民俗文化財に指定されている。

ハレの日の食事

　秋まつりに欠かせないのが、ボウゼ（エボダイ）の姿ずしである。すし飯にはスダチ果汁を加える。

　正月には、マダイの塩焼きやハマチの煮付け、アジの姿ずしなど、必ず魚とすしが用意されるのが特徴である。また、鏡餅の上には伊勢海老を載せて飾るところが多い。

　雑煮は、丸餅を入れた白味噌仕立てというところが多い。白味噌は、阿波の正月には欠かせない調味料である。

　簡単な寄合いでは、でこまわしを肴に酒を飲んだ。でこまわしは、豆腐をサトイモとコンニャクではさむかたちで竹串に刺し、味噌だれを付けて焼いたもの。その称が、いかにも徳島らしい。

寺社信仰

四国23 薬王寺

寺社信仰の特色

　徳島県は昔、阿波国とよばれ、古くは北の粟国と南の長国に分かれていたとされる。粟国の中心は石井町の中王子神社付近と思われ、同社には阿波国造墓碑が残る。長国は那賀川が中心とされ、上流域には阿南市の四国21太龍寺や勝浦町の四国20鶴林寺がある。

　阿波国の中心は名神大社の忌部神社が鎮座した付近であろうが、その場所は不明である。麻植郡忌部郷とされる吉野川市の忌部山古墳の北麓あたりが有力で、忌部神社も鎮座している。忌部神は麻殖神で、梶で白和幣をつくったともされ、県北で盛んだった麻や太布とも符合する。

　阿波一宮とされる鳴門市の大麻比古神社も阿波を開拓した麻の神を祀り、名神大社である。今も徳島県総鎮守と崇められ、県内最多の初詣客を集める。南には四国01霊山寺もあり、徳島の顔となっている。

　ただし、古代の阿波一宮は鮎喰川上流に鎮座する神山町の上一宮大粟神社とされ、参拝不便なため下流の国府近くに分祠されたのが徳島市一宮町の一宮神社という。阿波国府は旧国府町の四国16観音寺一帯と推定され、同寺境内には阿波国総社宮もある。旧国府町には四国15阿波国分寺もあり、同じく阿波一宮の論社である八倉比売神社もある。

　鮎喰川を遡り、川井峠を越えると徳島県を象徴する剣山（太郎笈）の表口に至る。剣山は西日本第2峰で、昔は立石山とよばれたが、安徳天皇が平家再興を願って天叢雲剣を納めて以来、剣山と称されたという。修験道場として栄え、劍山大権現と崇められたが、修験道廃止令で衰亡し、山津波で多くの行場も失われた。大剣神社の別当であった美馬市の利剣山龍光寺や劍山金剛院藤之池本坊が往時の痕跡を留めている。

　日本最大の盆踊と名高い阿波踊は、徳島藩祖の蜂須賀家政が徳島城の完成祝いに奨励したと伝え、開幕に先立って家政の菩提寺である徳島市の臨済宗妙心寺派興源寺で毎年奉納踊を披露して成功を祈っている。

凡例　†：国指定の重要無形／有形民俗文化財、‡：登録有形民俗文化財と記録作成等の措置を講ずべき無形の民俗文化財。また巡礼の霊場（札所）となっている場合は算用数字を用いて略記した

主な寺社信仰

千光寺（せんこうじ）　藍住町徳命。日本三大暴れ川の一つ四国三郎（吉野川）の下流域、徳命城の跡地に建つ。本尊は愛染明王。高野山真言宗。阿波33-05。戦国時代に三好氏の庇護を受け、梅之寺と称された。境内には初代徳島藩主蜂須賀至鎮がこよなく愛したという臥竜梅がある。現在の臥竜梅は2代目だが、見事な八重梅を咲かせている。吉野川流域では藍の生産が盛んで、19世紀初頭には徳島の藍玉年産額は15万〜20万俵に上り、全国の市場をほぼ独占、阿波は大いに栄えた。藍作農家は豪壮な屋敷を競って建築し、「京の着倒れ、大坂の食い倒れ、阿波の建て倒れ」と揶揄された。1904年頃から人工藍（合成インディゴ）の輸入が盛んになると藍産業は衰退の一途を辿ったが、町内では藍染の生産が今も続けられ、1996年には〈阿波藍栽培加工用具〉†を展示する藍の館が徳命に開館した。

宇佐八幡神社（うさはちまん）　鳴門市撫養町黒崎。金光山の東麓に鎮座。1599年、阿波藩主蜂須賀家政の招きで播磨国荒井浜の馬居七郎兵衛が当地に移り塩田を開いた際、西方にあった八幡祠を当地に奉遷して壮大な社殿を建立、同時に豊前国宇佐八幡宮の分霊を奉迎して合祀し、社号を宇佐八幡神社と改め、黒崎・斎田の氏神にしたと伝える。例祭は10月15日で、精進入り（10月13日）の夜には〈宇佐八幡神社のお御供〉が行われる。神が女性だけの願いを聞く女性のための祭と伝え、着飾った女性たちが鏡餅や蒸餅の供物を飯盆に入れ、頭上に載せて献上する。黒崎は広い砂州と潮汐干満の大差を利用した入浜塩田の製塩で栄え、緒方常雄ら鳴門塩業組合が収集した〈鳴門の製塩用具〉†が徳島県立博物館で収蔵展示されている。

城王神社（じょうおう）　阿波市市場町日開谷。阿讃山脈に属する城王山（阿波富士）の山頂、龍王池（新田池）の近くに鎮座。足利尊氏に追われて当山の日開谷城で息絶えたと伝える新田義宗と脇屋義治を祀る。麓の岩野集落では彼らの遺品を中腹の宝庫で保管しているという。当山は雨乞いの聖地で、1943年までは旧暦7月12日夜にジョウレイ踊が当社で奉納されていた。旧阿波郡は県下でも特に干ばつ被害が大きかった地域で、日照りの年には雨乞踊（神踊）が盛んに行われた。龍王池はどんな日照りにも涸れたことがないといわれ、池の水を汲み出して空にするとたちまち雨

が降って田畑を潤したという。阿讃山脈南側では昔、阿波和三盆糖の生産が盛んであった。市内には今も和三盆をつくり続ける製糖所が残る。往時を伝える〈阿波の和三盆製造用具〉†は松茂町の三木文庫に展示されている。

天満神社 三好市西祖谷山村善徳。集落の山の頂に鎮座。菅原道真を祀る。例祭は旧暦6月25日で、豊作と無病息災を祈願して〈西祖谷の神代踊〉†が奉納される。道真が讃岐守在任中に干ばつで苦しむ領民を救うため里謡120種を歌舞させて雨乞したのが始まりという。山伏の法螺貝を合図に始まる風流踊は古い形態を伝えており、曲は12種類、踊太鼓の打ち方も12種類（12シバヤ）、踊振り（扇の使い方）も12種類である。1922年以前は笠踊や太鼓踊とよばれていた。祖谷は平家落人の里といわれ、善徳にある〈祖谷の蔓橋〉†は追手から逃れるためにつくったと伝える。白口蔓（猿梨）を材料に長さ45m・重さ5tの橋を3年ごとに架け替える〈蔓橋の製作工程〉‡は、架橋史上特筆すべきものである。善徳にある琵琶の滝では、落人が都を偲んで琵琶を奏で、徒然を慰め合っていたと伝える。

金丸八幡神社 東みよし町中庄。金丸山の北麓、三加茂駅前に鎮座。応神天皇・神功皇后・武内大臣・大己貴命を祀る。境内を囲むように並ぶ立石は古代の磐境で、皇護石ともよばれ、387個が現存するという。古くは建石神社と称したが、1660年に金丸山の八幡神を合祀して改称したと考えられている。例大祭は10月15日で、前夜には篝火を焚く前庭で〈金丸八幡神社の宵宮の神事〉が執行される。まず降神の神事があり、自然石を木枠で囲い五色の短冊で飾ったオンジャクという神体を拝殿前に吊り下げ、綱で操作して前後に大きく振幅させる。勢いが頂点に達したところで綱を離すと、オンジャクは唸りを上げて神殿へと飛び込んでいく。次いで若者6人が盤固大王の物語を神楽舞として奉納。剣の舞、四王子の舞、乙子の五郎の舞、榮場のお開きの順に演じて五穀豊穣を祈願する。

国分寺 徳島市国府町矢野。薬王山金色院と号す。四国15。四国12〜17は隣接し、昔から5か所参りが盛んである。行基菩薩が薬師如来像を刻んで祀ったのが始まりで、全国に国分寺を創建した聖武天皇が釈迦如来像と大般若経を納めたと伝え、本堂には聖武天皇と光明皇后の位牌が祀られている。当初は法相宗であったが、弘法大師巡教の折

Ⅲ　営みの文化編　　105

に真言宗へ転じ、1741年に徳島藩主蜂須賀家の命で阿波郡奉行の速水角五郎が復興、吼山養師和尚を迎えて以来、曹洞宗であるという。境内には大師堂のほか、烏瑟沙摩明王堂や、偸伽・秋葉・白山大権現堂があり、高さ4mもの巨岩を配した国名勝の庭園は桃山時代の作庭といわれる。旧国府町には〈阿波人形師（天狗屋）の製作用具及び製品〉†を蔵する天狗久資料館や、〈阿波木偶の門付け用具〉‡を蔵する芝原生活文化研究所もある。

曽我氏神社　石井町石井。字城ノ内に鎮座。木花咲耶姫命・彦火火出見命・曽我氏大明神を祀る。昔は曽我氏大権現と崇められ、隣の浄土寺が別当を務めた。今は3組の当家が年番で奉仕している。1464年に鬼王団三郎が当地へ至り、城ノ内木留に祠を建てて主の曽我十郎五郎の霊と箱根権現を祀ったのが始まりと伝えるが、649年に無念の死を遂げた蘇我石川麻呂の部民（宗我部氏など）が阿波国へ流され、その子孫が当地に至り蘇我氏の氏神を祀ったとも推測されている。後に城ノ内山下（古曽氏谷）を経て1625年7月21日に当地へ宮床を定め、11月21日に竣工遷座したと伝え、以来、7月21日に夏祭、11月21日に冬祭（大飯盛式）を営んできたという。今も7月21日には〈曽我氏神社神踊〉‡が行われ、当家・神前・踊場・浄土寺の4か所で、住吉踊が起源という踊を奉納し、氏子繁栄を祈っている。

重楽寺　吉野川市美郷。真言宗御室派。滝見山と号す。宮倉地区の山寺で、山出川を挟んで対する山肌には「高開の石積み」（大神地区）が遠望できる。本尊は平安末期の聖観音像で、江戸初期の不動明王・毘沙門天像を脇仏とする。山内には福神を祀る小堂が6つ点在し、本堂脇仏の毘沙門天と併せて七福神巡りが楽しめる。紅葉の名所で知られ、見事な釣鐘桜もある。1624年、長宗我部元親により焼かれた10か寺を清恩人が併合して開いたと伝える。山出川の畔にある「谷の四足堂」は当寺が管理し、盆には檀家とともに読経を上げ、〈阿波の辻堂の習俗〉‡を伝承している。昔は夏祭や秋祭も行われ、廻り踊（輪踊）も奉納したという。四足堂とあるが4本柱の小堂ではなく、3間四方の立派な堂で、氏堂とよばれている。堂前には石仏や五輪塔があり、1363年の板碑もある。

五王神社　徳島市八多町八屋。水波能売神・埴山比咩神・草野比咩神・豊受姫神・久々能智神を祀り、「産地神」と崇められる。

昔は金龍寺が別当で、五王大権現や聖権現と崇められた。鬱蒼と生い茂る鎮守の森の中には〈犬飼の舞台〉†（犬飼農村舞台）が建ち、11月3日の秋祭には『傾城阿波鳴門』順礼歌の段などの〈阿波人形浄瑠璃〉†が太夫の語りに合わせて上演される。舞台は1873年の建築で、舟底楽屋の構造をもつ他、背面に奥千畳場という別棟を組み込むことで、精巧な襖絡繰段返し千畳敷の機構を備えており、132枚の襖で42種類もの景色・文様・花を一瞬で表現することができる。昔は地芝居（農村歌舞伎）も上演されたが、戦後はテレビが娯楽の主役となり、1961年を最後に上演は途絶えた。1973年、地元民が人形浄瑠璃と襖絡繰を復活させて現在に至っている。

坂州八幡神社

那賀町坂州。坂州木頭川が大きく蛇行して出来た広瀬に鎮座。品陀和気命・足仲彦命・息長帯姫命を祀る。境内には阿波系平舞台式人形舞台の〈坂州の舞台〉†がある。1791年の上棟で、1898年に改築された。長尺の蔀帳で拡張する舞台と、舞台と客席が同時に見える太夫座が特徴で、両妻の柱筋にはオトシコミという特殊な工法を用いている。11月の秋祭の宵宮には、この舞台で3つの余興が行われる。最初は木沢芸能振興会の恵比寿舞で、次は若連が千畳敷を披露する。千畳敷は〈阿波の襖カラクリの習俗〉‡の一つで、30枚ほどの襖を7種類に使い分け、襖の引き分けや回転をみせながら、千畳敷の大広間を完成させる仕掛けである。最後は鳴門座が〈阿波の人形芝居〉‡を上演する。隣の木沢歴史民俗資料館では人形頭の他、山村の民具などを展示している。

八幡神社

那賀町木頭和無田。大森山の南麓に鎮座。高さ20mを超す大杉が入口左右にそびえ、門杉と親しまれる。木頭は雨が多く、良質の木頭杉で知られ、那賀川では一本乗りの搬出が行われた。1月1日の初講に続き、1月2日には弓で矢を射て悪魔を退治する矢開があり、この矢を貰い受けて山作のシメ（かかし）にすると良いという。8月14日の夏祭には五ツ拍子と千鳥の木頭踊（盆踊）が奉納され、花火大会や出店もある。11月1日の秋祭（例大祭）には太刀踊が奉納される。廃邑となった中内郷の中内神社を1974年に合祀した際に受け継いだもので、今では子ども会が伝承している。和無田では〈阿波の太布紡織習俗〉‡も伝承しており、木綿普及以前に衣服とした楮や梶の樹皮から織る栲を、日本で唯一伝承している。

Ⅲ　営みの文化編　107

八坂神社

海陽町久保。県最南端の宍喰に鎮座。宍喰はもと脚咋とよばれ、海部の祖である鷲住王が拓いたと伝える。王を氏神として創祀し、後に素戔嗚尊を氏神としたといい、現在は健速須佐之男命・稲田姫命・八柱御子神を祀っている。本殿の左右には地神宮と大歳神社が建つ。昔は祇園社とよばれ、1718年に正一位祇園牛頭天王と称し、1870年に現称に改めたという。京都の八坂神社、福山の沼名前神社とともに日本三大祇園と称する。7月16日・17日には〈宍喰八坂神社の祇園祭〉‡が営まれ、宵宮には夜店が出て賑わい、奉納花火500発もある。本祭には、郷分（村方）が大山と小山の2基の山鉾を出し、浜分（漁師方）が関船1艘と神輿の担ぎ手を、宍喰浦西分（町方）が金幣組・山仕事仲間組・鍛冶屋仲間組・商人組のそれぞれの壇尻4台を出し、祇園通りを勇壮華麗に練り歩く。

伝統工芸

阿波正

地域の特性

徳島県は、四国の東部にあり、北は香川県、南は高知県、西は愛媛県と接し、鳴門の渦潮を望む橋により淡路島、兵庫県と結ばれている。

日本三大暴れ川の一つ、すなわち関東の「板東太郎」(利根川)、九州の「筑紫次郎」(筑後川)に続く「四国三郎」の吉野川がある。水源は瓶ヶ森山(標高1897m)にあり、山間には大歩危・小歩危などの渓谷をつくり、県北部を東へ流れて紀伊水道に注ぐ。

古代、朝廷祭祀を担当した忌部氏に奉仕した阿波忌部が吉野川流域にアワを植え、よく実ったことから、この地域を粟の国と呼んだという言い伝えがある。阿波忌部は、アサやコウゾの栽培と紙の製造も行ったといわれている。周辺の地と合わせて阿波国が置かれたのは、大化の改新のときであるという。国府は、現在の徳島市国府町府中に置かれ、近くに国分寺・国分尼寺も建立されて仏教文化が伝えられた。

中世、鎌倉時代には、守護職が置かれ、室町時代の細川氏、三好氏を経て、土佐の長宗我部元親が勢力を拡大したが、豊臣秀吉に敗れ、蜂須賀家政が阿波に封ぜられた。以後、江戸時代の約300年間、蜂須賀氏が居城し、藍・塩・砂糖・葉たばこの専売によって経済力を高めた。

現在は、渦潮や渓谷など自然の魅力と、鳴門金時など食の楽しみや全国的に有名な阿波おどりを軸とした観光地である。また、農産物が豊かで暮らしやすい地域として注目されている。

伝統工芸の特徴とその由来

徳島県の吉野川流域は、台風がくると氾濫し、実った米が流される被害が繰り返されていた。そこで、台風襲来前の8月に収穫するアイを、氾濫が畑にもたらす肥沃な土で育てた。江戸時代に瀬戸内海地域を中心に木綿

Ⅲ 営みの文化編　109

の生産が盛んになり、阿波藍は木綿の染料として全国に販路を広げ、徳島に富をもたらした。地元でも藍染が発達し、独特なシボのある「阿波正藍しじら織」が考案された。藍染に欠かせない藍甕には、大麻町の「大谷焼」の大甕が用いられた。「阿波和紙」には、阿波藍で染めたこの地ならではの藍染和紙がつくられている。

　人形浄瑠璃や阿波おどりなど阿波の豊かな文化は、阿波藍の取引による富や全国との交流に支えられていた。人形浄瑠璃に用いる人形「阿波木偶」や「阿波おどり竹人形」などの伝統工芸もその中で育まれた。

　伝統工芸に関して、徳島県の最大の特性は、吉野川の氾濫の恵みである土を活かし、害である洪水を避けて阿波藍を生産したところにある。

　徳島県の伝統工芸を代表する、「阿波正藍しじら織」「阿波和紙」「大谷焼」などは、アイを奨励した江戸時代の徳島藩の産業振興政策を受けて発達した。人々を魅了した人形浄瑠璃で操られる人形の「阿波木偶」や、子どもを喜ばせた「遊山箱」もこの時代につくられるようになったといわれている。当時から盛んであった阿波おどりを題材とした「阿波おどり竹人形」は、第二次世界大戦後からつくられるようになった工芸品である。

知っておきたい主な伝統工芸品

阿波正藍しじら織（徳島市）

　阿波正藍しじら織は、1978（昭和53）年に国の伝統的工芸品に指定された、阿波藍で染めたしじら織である。藍の濃淡さまざまな色彩と、さらりと爽やかな綿の肌触りは、夏のきものとして愛用されてきた。近年では、タペストリー、ランチョンマットやコースター、ブックカバーや筆入れ、ハンカチに財布と、日常生活の多方面に用途を広げている。

　阿波藍は、徳島藩主蜂須賀氏の援護を受け、江戸時代中期から吉野川流域で盛んに生産された。その品質は、各地の「地藍」に対して「正藍」とされ尊ばれた。染め方は「生葉染め」ではなく、アイの葉を乾燥し発酵させた蒅を用いる「発酵建て」である。製造に3カ月かかる蒅で染液をつくる。適温と適度な攪拌によりほどよく藍を建てると、藍が元気に糸を染めてくれるようになる。染め、絞り、乾燥を繰り返し、徐々に濃い色を出す。独特の香りに防虫効果があるとされる藍染は、水洗いするたびに微量な色が落ち、慣れた深みのある色になっていく。

阿波しじら織は、阿波の「たたえ織」という木綿縞がもとになっている。一説によると、干していたたたえ織がにわか雨に濡れて縮み、そこにできた縮みの具合のよさに気付いた海部ハナが、苦心の末、経（縦）糸の張力差を利用してしじらの技法を考案したという。1866（慶応2）年、現在の徳島市安宅でのことといわれている。軽くて涼しい阿波しじら織は、販路を広げ、阿波藍で染めるようになった。天然藍は化学染料の台頭により、産業としては衰退したが、伝統工芸の阿波正藍しじら織に用いられ、徳島県の文化と歴史を伝えている。ちなみに、「阿波正藍染法」は県の無形文化財、「阿波しじら織」は徳島県伝統的特産品に指定されている。

阿波和紙（吉野川市山川町）

阿波和紙の特徴は、手漉きの風合いと自然素材の手触り、薄くても水に強く破れにくいことにある。こうした紙質の特徴を活かしつつ、現代の技術を導入し、オフセット印刷やデジタル印刷ができる和紙や、包装紙や壁紙、藍染などの染紙、名刺やバッグなどの和紙の加工品など、和紙と現代生活の接点を示す提案が豊富であることも阿波和紙の特色である。

阿波和紙は、コウゾ、ガンピ、ミツマタの表皮のすぐ内側にある靭皮繊維のほか、アサやタケ、クワなどを原料とする。繊維は、流水に浸し、洗った後にアルカリ液で煮る。灰汁を抜き、塵を丁寧に除いた繊維を叩いてばらす。繊維と水と粘剤を合わせたところに簀を入れて、紙を漉く。伝統的な技法には「流し漉き」と「溜め漉き」がある。いずれにしても、ムラなく一定の厚さに漉くことが大切である。

阿波和紙の始まりは定かではないが、『延喜式』（927年）に紙の類を貢納した記録や、阿波忌部がアサやコウゾを栽培し、紙をつくっていた記録があることから、奈良時代に和紙がつくられていたとされている。1585（天正13）年から徳島藩主となった蜂須賀氏は、コウゾの保護、製紙の奨励などを行い、藩として紙業の振興をはかった。また、享保年間（1716～36年）には専売制とし、全国に売り出した。明治時代以降は、洋紙に押され業者は減少したが、伝統は受け継がれ、1976（昭和51）年、国の伝統的工芸品に指定されている。

徳島県の伝統工芸である藍染を施したものや、透かし、木皮を混ぜた紙など、気の利いた和紙や、国内外のアーティストたちが芸術作品に用いる和紙などに多方面の支持を得ている。

Ⅲ　営みの文化編

大谷焼 (鳴門市大麻町)

大谷焼は、人の身長ほども高さのある甕や睡蓮鉢など大物を制作する「寝轆轤」で名高い。一人が寝ころんで、轆轤を足で蹴って回す。回る轆轤でもう一人が器体を成形し、二人のチームで器をつくる。大物を焼く登り窯は、日本一の大きさともいわれている。大物だけでなく、皿や碗、酒器など製品の幅は広く、轆轤の精巧な技による薄手ながら丈夫な仕上がりと、焦げ茶を主流とする釉薬の光沢に特徴がある。

大谷焼には、地元の大麻町萩原で採れる萩原粘土など、鉄分が多く含まれた土が用いられている。釉薬は、姫田粘土、石灰、土灰、長石、珪石、鉄を調合したもので、浸し掛け、流し掛けなどを行う。大谷焼は、土の粉砕、篩、水簸、練り、混和、成形、乾燥の後、生掛け、素焼、施釉、焼成の工程を手作業でこなしている。

1780 (安永9) 年、豊後国 (大分県) の陶工文右衛門が大谷村に来て、轆轤による陶器づくりをしたことが始まりといわれている。1781 (天明元) 年、徳島藩主蜂須賀治昭の命で、村内に藩窯が築かれ、阿波国では初の染付磁器がつくられたが、採算は取れず、3年後に閉鎖された。1784 (天明4) 年には、藍商人の賀屋文五郎 (笠井惣左衛門) が、連房式登窯を築かせ、雇用した信楽焼の陶工から技を学んだ納田平次平衛を中心に日用の陶器生産が始まる。これが現在の大谷焼の原型とされている。大谷焼は、2003 (平成15) 年に国の伝統的工芸品に指定された。

阿波木偶 (徳島市川内町)

阿波木偶は、国の重要無形文化財「阿波人形浄瑠璃」に使われる操り人形である。大阪府を本拠地とする文楽の人形と比べ、野外の農村舞台で演じられることが多いため、離れていてもよく見えるように頭が大きいことが特徴である。人形富・人形忠・天狗久などの優れた人形師たちが、ガラスの目や、目の開閉などのからくりを考案し、その技術は現代の人形師にも受け継がれている。

阿波藍や阿波和紙による富の蓄積により豊かであった徳島は、阿波おどりや人形浄瑠璃といった文化のある国になった。平成の時代になっても、徳島県には鎮守の森に囲まれた人形芝居の農村舞台が100棟近くあり、10個所前後の舞台では、人形浄瑠璃の公演が毎年行われるという。

阿波人形浄瑠璃は、義太夫節の浄瑠璃と太棹の三味線、3人遣いの人形

の三者によって演じられる。吉野川流域の藍作地帯では、淡路人形座が小屋掛けの舞台をつくって興業を行い、県南部の勝浦川、那賀川、海部川などの流域では神社の境内に建てた常設の農村舞台での公演が頻繁に行われたといわれている。大きな、光沢のある塗りの人形を使い、前方に突き出す大きな振りで演じられたようである。阿波木偶は、阿波人形座だけではなく、各地を巡る淡路人形座の人形も制作してきた。

徳島市川内町の徳島県立阿波十郎兵衛屋敷において、阿波人形浄瑠璃について、展示や浄瑠璃の上演により学ぶことができる。

遊山箱 (徳島市)

遊山箱は、飛び切りきれいで可愛い、子どものための手提げ重である。色とりどりの小さな三段重には、巻き寿司や煮しめ、ういろうや寒天、ゆで卵で拵えたうさぎなどが詰められた。子どもたちは、桃や菖蒲の節句などに、遊山箱をもって友だちと野山へ繰り出して遊び、箱の中のごちそうをいただいた。

古くは江戸時代のものもある遊山箱は、杢張りという木工技術を活かして塗装していたことに特徴がある。木材を紙のように薄く（0.2～2.0mm）削いだ杢を木地に張る技術で、端材からでも木目の揃った美しい面をつくることができる高度な技術である。阿波には、水軍を支える優秀な船大工たちの技が伝えられていたことが背景にあると思われる。

徳島県では、大正～昭和時代初期までは多くの家庭で愛用されていたが、いつしか使われなくなり、見かけなくなった。しかし、徳島市内で漆器店を営む女性によって蘇ったのである。遊山箱にうきうきしたという思い出に後押しされ、復刻された遊山箱は新たな用途を与えられた。誕生祝いや餞別の品として贈られたり、テーブルコーディネートの華やかな雰囲気を演出するために用いられるなどしている。満開の桜や光輝く新緑の中で、子どもたちを喜ばせた遊山箱は、子どもから大人まで、家族や友人と暮らしを楽しむ伝統工芸として復活したのである。遊山箱を文化として伝えていこうとする遊山箱文化保存協会も誕生した。

阿波踊り竹人形 (美馬市脇町)

阿波踊り竹人形は、阿波おどりの身ぶり手ぶりを生き生きと表現した竹の人形である。最大160人の竹人形の群舞まであるという踊り手たちの姿には、阿波おどりの躍動感が溢れている。県産の数種類のタケを用い、手づくりで、手や足の動きや表情の特徴を捉えた形につくり上げている。細い

布袋竹（五三竹）を短く切り、節が人形の腰の部分になるようにして、別のタケで手足をつくりつけるという。タケの自然な風合いが活きている。

　阿波おどりの始まりは、16世紀末、徳島城の築城に際して、藩主が城内で城下の人々に自由に踊らせた説以外にいくつかある。江戸時代に盛んになり、禁止された時期もあるが、城下町の盆踊りとして受け継がれ、今日では全国に広がり、世界にも知られるようになった。

　阿波踊り竹人形は、竹仙こと藤田義治が静岡県の教員であった1936（昭和11）年頃、天竜川河口に捨ててあった細いタケを見て、廃材に命を与えたいと思ったのがきっかけであった。その後、1947（昭和22）年の阿波土産公募美術工芸部門に出品した「阿波踊り竹人形」が徳島県知事賞（銀賞）を得た。現在は、孫にあたる者がその技を受け継いでいる。

民 話

地域の特徴

徳島県は四国の東端に位置し、沿岸や河川域は平地が多いが、県の中央から西の高知県にかけては山地が続く。瀬戸内海の淡路島との境の鳴門海峡は、干満時に20mもの渦潮が発生し、音を立てることから鳴門の地名が起こったという。明治の廃藩置県の際、幕末のもめ事が関係し、それまで徳島藩であった淡路島が兵庫県に配置されることになる。

県北を流れる吉野川は、四国随一の川であるが、流域周辺は近代以前にしばしば洪水に襲われた。その流域は藍の栽培地として1897（明治30）年のピークまで地域の有力産業であった。一方、南部は林業を主とし、また那珂川流域では稲作や柑橘類の栽培が盛んである。

阿波の中世は、土佐の長宗我部氏や細川、三好氏の勢力が鎬を削るが、秀吉に功を為した蜂須賀氏が治めて明治を迎える。近世には、四国霊場詣りや「阿波おどり」「人形浄瑠璃」などの大衆文化が成熟する。

伝承と特徴

徳島県の昔話の幕開けは、県西の祖谷地方から始まる。祖谷川、松尾川の谷あいに点在する山村は、大正初めに交通が開けるまでは秘境の地で、平家落人の里といわれる。この祖谷地方を昭和10年代に二人の教員が昔話を求めて歩き、後に昔話資料集を刊行する。香川県境を越えて西祖谷山村を訪れた武田明と、東祖谷山村に生まれた細川頼重である。

武田は1943（昭和18）年に『徳島県祖谷山地方昔話集』を、柳田國男の「日本昔話記録」の一冊として刊行し、細川は調査から30数年後の1972（昭和47）年に『あめご八の昔話』（3年後に増補し『東祖谷昔話集』に収める）を自刊で出版する。いずれも資料価値の高い昔話集であるが、両書は対照的で、武田の資料は西祖谷山村の女の語り手の昔話が中心なのに対し、細川のものは東祖谷山村の男の語り手の重厚な昔話が多い。東祖

Ⅲ　営みの文化編　　115

谷では昔話を「囲炉裏端の回り話」といい、囲炉裏を囲む人が順番に語るという。「とんとむかしもあったそうな」で始まり、結末句は「こんでしまい」という。子どもが昔話をしつこくせがむと、「むかしはむけた」「話ははじけた」とか、「天から長い長いふんどし」の話を始めるという。

阿波は「狸王国」で、狐がおらずに狸がその代役を果たす。「阿波狸合戦」（金長狸合戦とも）は江戸末期頃に成立し、講談や映画化で人気を博し、近年ではアニメ「平成狸合戦ぽんぽこ」の素材にもなる。その徳島県の狸話を集めたのが、笠井新也『阿波の狸の話』である。学術的価値とともに、その後の狸の世間話の先駆的役割を果たす。

徳島県出身の人物に鳥居龍蔵、喜田貞吉がいる。二人とも明治初め生まれの研究者で、鳥居は人類学者、喜田は歴史学者である。鳥居は夫妻で蒙古、満州のフィールドワークを重ね、その功績は高く評価される。鳥居きみ子『土俗学上より観たる蒙古』では、徳島の民話と蒙古の民話の異同にも触れている。徳島県立博物館の「鳥居龍蔵記念館」に、鳥居の学問と生涯が展示されている。喜田貞吉は民俗学にも明るい歴史学者で、特に徳島の部落差別の問題にたびたび言及し、警鐘を鳴らした。

おもな民話（昔話）

あめご三貫目

とんとむかしもあったそうな。ある日のことなら、猟師が、矢負いの猪を追わえて、猪について走りよったそうな。そしたら途中で川があったそうな。先を急いどるきに、袴脱ぐまがない。はいたまま瀬渡りした。そして、向かいの岸にあがったら、腰から下ずぶ濡れになってしもうたけんど、なんと袴の中に、あめごがどっさり入っとったそうな。あんまり重たいきに脱いだら、あめご三貫目から入っとったそうな。そして、そこにおった、うさぎが三匹、人間が来たきに、おぶけて（驚いて）逃げだした。ところが、そこは、潰えんごで道がない。険しいくを逃ぎようとしたら泥が潰えて、転んだり、起きたり、すべったりしよるうちに、泥の下から山芋三貫目びゃあ掘り出した。そしてうさぎは、三匹とも弱りこんで猟師の目の前へ、どまくれて（転落して）来たきに、すぐつかまえた。猟師は、あめご三貫目に山芋三貫目に、うさぎ三匹手に入った。

「これは、もうけた。うまいことをした」と思うて喜んだ。猟師は、そ

のうち、雪隠（せんち）へ行きとうなった。もう抜けこんで、しんぼうがでけんように
なった。はたを見たら、萱わらがあったきに、萱の中へ入って、つくなん
だ（かがんだ）。用は済んだが、何ちゃ拭くもんがない。萱の穂ちぎっ
て尻拭（つべ）こうと思ってつかんだら、雉の鳥の羽だった。

「こりゃあ、うまいことした」と思うたら、目が覚めた。あめご三貫目も、
山の芋三貫目も、うさぎ三匹も、雉の鳥も手に入ったみんな夢だったそう
な。そんじゃけんど、ねぐそだけはほんけだったと（『あめご八の昔話』）。

「鴨取権兵衛」あるいは「まのよい猟師」で全国的に知られている。あ
めごと最後のどんでん返しの寝ぐそが、地域性を示している。引用した書
名の「あめご八」とは語り手の後田八蔵の通称で、鯇（あめご）（鱒（ます）の一種）釣り
の名人で、剣山のふもとの名頃（なごろ）（現在は廃村）に住んでいた。細川頼重に
よると、子どもたちがあめご八の小屋を訪ね、「「八おじよ、また昔話話て
や」とせがむといやな顔一つしないで、すぐに手ぶり身ぶりおかしく語っ
てくれた」という。

『あめご八の昔話』には、後田八蔵の語る33話が収められている。その
うち「山の神とおこぜ」「福はうち」は、日本中世の古典との関連をうか
がわせる。ほかにも「かざみの先生」「仙人の教え」など、スケールの大
きな重厚な笑い話は、男の語り手が得意とする「大話」の系統といえる。

桃太郎

「とんとむかしもあったそうな。むかし、爺さんと婆さんが桃
太郎さんと一緒に住んで、その日その日を何ごともなしに、気
楽にすぎはいしよったそうな」で始まる徳島の「桃太郎」は、川を流れて
きた桃から誕生するのでも、また、鬼の宝物を奪って親孝行するのでも
なく、毎日遊んでばかりで、たまりかねた爺が、たまには家の足しになる事
をしてと注意する。すると桃太郎は山に出かけ、木を引き抜き担いできて、
「おじいさん、今戻んて来た」と言って、担いできた木をずしりと家にた
てかけると、バリバリバリと家が潰（つぶ）れ「爺さんはめしぞうけに首突っ込ん
で、婆さんは雑炊鍋に首突っ込んで死んでしもうたと」（『あめご八の昔話』）。

これも後田八蔵の語った「桃太郎」である。「桃太郎」のパロディと思
われるかもしれないが、事はそんな単純なことではない。この種の異色の
桃太郎を集め紹介した野村純一『新・桃太郎の誕生』は、この寝太郎型の
桃太郎は、西日本の所どころにみられるもので、桃太郎の原型、「山中の
異童子、桃太郎力持ち」と位置づけている。

Ⅲ　営みの文化編　　117

明治初めに徳島に生まれた喜田貞吉は、子どもの時分に「英雄桃太郎」の話を聞いたことがなく、その代わり「桃太郎話の中の筋は、猿蟹合戦の話と混同して語り傳へられて」（『郷土研究』大正2年7月号）いたと述べる。武田明『徳島県井内谷昔話集』の「桃太郎」も怠け者の桃太郎の「山行き型」で、多くの薪を背負ってきた力に驚いた爺が、「鬼征伐に行けるわ」と感心し、「お爺とお婆に弁当作ってもろて鬼が島へ鬼征伐に行たそうな」で終わる。結びの一文は、後からの知識による付け足しの印象が強い。

　全国の桃太郎には鬼退治のない話もあり、正統とされてきたものに対する疑問が生じてくる。翻って、私たちが思い描く桃太郎像はどこからくるのか。明治中ごろの国定教科書に鬼退治型の桃太郎が出ている。これを標準として全国の児童が学んだ結果と考えると、その謎が解けてくる。富国強兵の時代精神が、鬼退治の桃太郎を後押ししたと考えられる。

おもな民話（伝説）

鯖大師
　文化8（1811）年に刊行された『阿波名所図会』の「行基菩薩古跡」に「鯖大師」の伝説が載る。海部郡牟岐町の牟岐浦から「八坂八浜」の海岸が続くが、その一つの鯖瀬坂で鯖を運んできた商人に、行基が鯖1匹を所望するが断られる。そこで行基が、「大坂や八坂坂中鯖一つ行基に呉れで馬の腹病む」と歌を詠む。すると、馬が腹を病んで動かなくなる。驚いた商人が、鯖を施すと、今度は「大坂や八坂坂中鯖一つ行基に呉れて馬の腹止む」と詠むと、馬の腹病みが治ったという。この地を行基庵の古跡といい、鯖瀬村の名を付けたという。

　歌詞の一部を変えて返歌することを「鸚鵡返し」といい、その歌を「鸚鵡返し歌」という。「呉れないで」を「呉れて」に、「腹病む」を「腹止む」と変えて、馬が元気になる。和歌の技法を取り入れた呪い歌として、鯖瀬以外の地でも用いられる。ただ、鯖瀬の地では「鯖大師本坊」という寺院が、鯖大師像を祀り、また、上記の話を10枚の絵に描き、詞書きを添えた「阿波国鯖大師本坊由来図」を発行し、参拝者に頒布している。「鯖大師本坊」は四国八十八ヶ所霊場には入っていないが、「四国別格二十霊場会」第四番に入り、参拝客も多い。

鳴門の渦潮
　これも『阿波名所図会』の記事から紹介したい。「鳴門」の項の渦潮の説明の後に「また撫養の里に人麻呂の社と清

少納言の塚と併存す」とあり、土人の説として、社は人麻呂が和歌を詠んだ記念に建立し、また、塚は漂泊してきた清少納言がここで亡くなったのだという。そのすぐ後に、「往昔上﨟の女鳴門の辺に来り門の鳴をとめんとてゑのこ草の哥をよみたまふとなり」とある。身分の高い女性の名は不明であるが、「ゑのこ草の哥」については、直前の「鳴門真景」の図に、「ゑのこ草をのかたねとてあるものをあはのなるとはたれかいふらん 読人未考」とある。「ゑのこ草」は、通称を「猫じゃらし」といい、粟に似た雑草である。歌意は、ゑのこ草は自らの種で生育したのに、粟が実ったとは誰が言うのか、迷惑なことだという。

　近世初めの狂歌咄を集めた『かさぬ草紙』に、昔、阿波の鳴門が四国、九州に鳴り響いたので、泉式部が前掲の「ゑのこ草」の歌を読んだら鳴り止んだという。「粟が成る」と「阿波の鳴門」とを掛けた「物名」の技法である。元禄11（1698）年刊行の『謡曲末百番』に収録される「鳴渡」の曲に、阿波の鳴門が鳴動し、困った領主古川貞時が高札で鎮静を呼び掛けた際に、賤女に身をやつした和泉式部が、例の歌を詠んで鎮め、名を明かさず去ったという。鳴り響く瀬戸が、文人をはじめ、世に広く話題になっていたことが知られる。

　本来は鳴門とは関係がなかったものを、鳴門鎮めの話に仕立て、清少納言や和泉式部に仮託して構想されたものと思われる。各地を流浪、漂泊する女性宗教者の関与が想像される。

旗山の義経

　　　　　　　　『平家物語』巻11「逆櫓」によると、平家追討の軍勢を四国に向ける際、逆櫓を立てて進攻しようする梶原景時と、それに反対する源義経とが激しく言い争いをし、義経は強風を突破し、三時（6時間）ほどで阿波に着いた。着岸場所の名を聞き、「勝浦とは縁起がいい」と義経が答える。勝浦とは現在の小松島市芝生とされる。義経が上陸し、旗山の丘に源氏の白旗を立てたという伝えもあり、1991（平成3）年に市制40周年記念として「源義経公之像」が建立された。左手に弓を高くかかげた馬上の義経のブロンズ像は気迫に満ちている。

　吉野川市山川町の忌部神社に、屋島の戦いに向け義経が戦勝祈願に太刀を奉納されたという。この太刀を、狸に憑かれた人に見せると、その人は卒倒し、狸が退散し治ったという（『阿波のタヌキあれこれ!?』）。義経の威勢を語る話であるが、狸王国の地ならではといえる。

Ⅲ　営みの文化編　　**119**

おもな民話（世間話）

化け袋　　　笠井新也の『阿波の狸の話』には数多くの狸話が、「狸火」から始まり、化ける・化かされる狸、戦う狸、人と交流する狸、騙す・騙される狸、憑く狸、祀られる狸など、十数種類に分けて掲載される。本州の狐話に勝るとも劣らない話種であるが、その一つを紹介する。

麻植郡川田村（現、吉野川市）の正右衛門は、狸を生け捕ることを考えて、狸が来る前に袋に入り、中からお前は尾が出ていて化け方が下手だと言う。今、俺が人に化けるからと言い、袋から出る。信じた狸に、この「化け袋」は上手に化けられる袋だと言い、中に入れて縛り、狸汁にして食ったという。

この話は、昔話「叺狐」「俵薬師」などからのモチーフの転用である。「俵薬師」では、嘘つきの男が袋に入れられ川に抛り込まれる際、通りがった按摩に、この袋は「目の養生」だと嘘をつき入れ替わる。昔話のモチーフを狸の世間話へとアレンジしたものといえる。

お玉杓子　　　もう一例、『阿波の狸の話』から紹介する。徳島の生駒豊後の妻は気丈夫な方で、便所で何者かにお玉杓子で尻を撫でられる。動じない妻は、その黒い毛むくじゃらの手を引っ張り上げると狸である。狸は、このお玉杓子で撫でると疱瘡が治ると言って命乞いをする。そのお玉杓子で天然痘に罹った子どもを多く治したという。生駒家では屋敷内に新居守と呼んで、この狸を祀ったという。全国的には「河童の秘伝薬」として伝えられている話が、狸王国では河童が狸に主役を奪われてしまったといえる。

120

金長狸

地域の特徴

　徳島県はかつては阿波国とよばれ、近世には徳島藩蜂須賀家による一国支配を受けていた。県北部の徳島平野を除くとその大半が山地で、平地部分は２割にも満たない。特に南部の四国山地は西日本でも有数の峻険な山岳地帯となっており、四国第２の高峰である剣山（標高1,955ｍ）を有する。
　県北部には四国三郎とよばれる吉野川が東西に流れており、その両岸の吉野川平野と東部太平洋沿岸の徳島平野を中心とした地域は「北方」とよばれている。吉野川流域は灌漑が困難で水田稲作に向かない土地であったが、藩政期には特産物としての藍の栽培が盛んに行われた。一方、県南部は「南方」とよばれ、林業や漁業が中心の地域とされている。また県西部の祖谷山、一宇山、木屋平、木頭山など剣山を取り巻く山岳地帯は特に「山分」とよばれ、特徴的な民俗が多く残されている。

伝承の特徴

　徳島県の妖怪伝承の特徴としては、何といっても狸に関するものが多いということが第１にあげられる。
　講談や映画などを通じて知られた「阿波狸合戦」の主人公・金長狸をはじめとして、県下には神として祀られた狸や、名前の付いた有力な狸が数多く存在する。他の地域では個別の妖怪と考えられている現象の多くが、狸の仕業として解釈されているのも徳島県ならではである。四国には実際に狐の生息数が極端に少なく、狸が妖怪としての狐の属性をすべて肩代わりしたために、一大「狸信仰圏」がこの地に築かれたと考えられているが、とりわけ徳島県はその中心地であるといえる。
　ただし、笠井新也の『阿波の狸の話』のなかでも指摘されているように、動物としての分布はともかくとして、妖怪としての狸の伝承は平野部で多く聞かれる。これに対し、山岳部では大蛇の伝承、そして山爺・山父など

Ⅲ　営みの文化編

とよばれる、山中に棲む妖怪の話が多く聞かれるようになる。とりわけ山爺・山父は、四国山地を中心に高知県でもよく聞かれるもので、他の地域での山の怪異がもっぱら天狗の所業に帰されることを考えれば、この地域特有の伝承として注目される。

なお、犬神などの憑きものや首切れ馬など、家の盛衰や集団間の緊張を反映した伝承は、やはり吉野川流域を中心とした「北方」地域でより多く聞かれる。これは、藍などの商品作物を通じて貨幣経済が早くから導入されていたことに関連していると思われる。狸も家の盛衰と関わることがあるため、こうした視点から狸信仰の隆盛を考えることもできるだろう。

主な妖怪たち

赤シャグマ　県西部の山岳地帯を中心に伝えられていた赤い髪の怪物。赤シャガマともいう。三好郡東みよし町では、夜更けに赤い髪の子どもが座敷に現れてくすぐってくるので、家の外に逃げ出すと、身の丈3m余りの大きな赤シャグマが立ちふさがっていたという（『阿波の伝説』）。

一本足　海部郡美波町阿部の海岸に現れるという怪物。秋の夜の引き潮の時、あるいは大波のあった後の朝には、波打ち際から4、5尺（約120〜150cm）ばかりのところに、人間のものよりも大きな円形の足跡を残すという（『民間伝承』4-10）。

犬神　憑きものの一種。犬神筋とよばれる家筋の者が他家のものを羨んだり妬んだりすると、相手の者は病気になったり、精神に異常をきたしたりするとされている。犬神の俗信は中国・四国・九州地方にかけて分布しているが、四国では徳島県は高知県と並んでその信仰の盛んな地域で、三好市山城町の賢見神社は犬神落としの神社として有名である。小さな犬のようなものともいわれるが、むしろ人の生霊のようなものと考えられていることが多いようである。

牛打坊（うしうちぼう）　牛を害する怪物。牛々坊（うしうしぼう）、牛々入道、牛飼坊（うしかいぼう）ともいう。県北部では、旧暦7月13日に盆小屋という藁葺きの小屋を掛け、僧侶の読経の後これを焼き払った。これは牛打坊を小屋の中に封じ込めて焼き殺すという意味合いをもつものであったという。牛打坊は夜更けに厩（うまや）や牛屋をうかがって、牛馬に傷をつけたり、あるいはまぐさ箱を舐めてお

く。そうするとその牛馬は必ず死んだという。狸に似た黒い獣だともいう（『郷土趣味』21）。他の地域でシイとよばれる怪物に類したものと考えられる。

オオナゴ
大女。三好市などに伝えられる妖怪。夜に泣き声を上げながら通るという。死んだ子どもを求めて泣くのだともいわれており、何か悪いことが起こる前兆のようにも考えられている（『阿波池田の昔話と伝説資料集』）。

オカンスコロガシ
美馬市脇町の曽江の里道に出たという妖怪。夜中に石だらけの道の上で鑵子を引きずっているような音をさせて人々の安眠を妨害する。しかし、外に出て音の正体を確かめようとしても、戸を開けた途端にピタッと止んでしまうという。狸の仕業とされている（『阿波脇町の伝説と探訪編（追）2-1』）。

蚊帳吊り狸
美馬市穴吹町の舞中島というところにいた狸で、夜道の真ん中に蚊帳を吊り、人の行く手を阻んだという。蚊帳をまくって先へ進もうとしても、また次の蚊帳があり、戻ろうとしてもやはり無数の蚊帳をまくって進まなければならないので、いつまで経っても抜け出すことができない。しかし、下腹に力を入れて心を平静にして進めば、ちょうど36枚目に抜けることができるという（『阿波の狸の話』）。

金長狸
有名な「阿波狸合戦」の物語の主役として知られる狸。小松島市中田町には、この金長狸を祀った金長神社があり、付近住民の尊崇を集めている。津田浦（現・徳島市）の穴観音の六右衛門という狸のもとで修業をするが、金長の実力を怖れた六右衛門は彼を亡き者にしようとし、それが原因となって大勢の狸が加わる大合戦が起きた。結果は金長軍の勝利に終わったが、そのときの傷がもとで金長自身も死んでしまったという。

首おさえ
三好市池田町に伝承される怪。雨の降る夜に首をおさえて動けなくしてしまうという。金回りが良くなり始めた家の人に起こるとされた。狸の仕業であるともいう（『阿波池田の昔話と伝説資料集』）。

首切れ馬
四国全域に広く伝承されている路上の怪。県下では特に吉野川流域にその伝承が多く聞かれる。首のない馬で、ジャンジャンと鈴の音を鳴らしながら特定の道筋を走るとされている。美馬市美

Ⅲ　営みの文化編　　123

馬町では、節分の夜に首切れ馬が三つ辻を走るとされ、その際に干し菜のようなものを引いているが、これは分限者の銭が入った瓶で、首切れ馬が通ったときに飛びつけば分限者になるといわれている。また、着物の片袖をかぶって見ると、首切れ馬が通るのがわかるという（『美馬の民俗　前編』）。

ケシボウズ　三好市東祖谷西山に現れたという妖怪。幼い子どもの姿をしており、頭頂部の毛だけを残して他を全部剃る「芥子坊主」という髪型がその名の由来である。いざり峠というところに出たケシボウズは、道行く人におぶってくれるようせがんだという。背負うととても重く負いきれるものではないので、負い縄が短いことを理由にして難を逃れたという話が伝わっており、この地方の負い縄の一方が短いのはそのためだとされている（『ひがしいやの民俗』）。

ゴギャナキ　山中で赤子のような泣き声を上げる妖怪。ゴンギャナキ、オギャナキ、オンギャナキともいう。美馬市木屋平では一本足で山中をうろつく妖怪とされ、これが来ると地震いが起こるという（『諸国叢書』第17輯）。また那賀郡那賀町木沢では、オギャナキがおんぶしてくれとせがむので、負い縄の一方をわざと短くして、それを理由に断って難を逃れるようにしていたという（『木沢村の民話と伝説』）。

コナキジジ　美馬市木屋平にかつて伝承されていた妖怪。山中で赤子の姿で泣いており、かわいそうに思った人が抱き上げて山を下りようとすると、次第に重くなっていき、ついには動けなくなって命を落としてしまうという（『諸国叢書』第17輯）。柳田國男の「妖怪名彙」にも記され、さらにそれをもとに水木しげるが『ゲゲゲの鬼太郎』のなかで主要な妖怪キャラクターとして活躍させたことであまりにも有名だが、柳田國男にこの伝承を紹介した徳島県の郷土史家・笠井高三郎の文章のなかでは、老人の姿をしているとは一言も書かれていない。おそらくコナキジジの「ジジ」とは、老人のことではなく「ヤマジジ」という妖怪の一種であることを示すものであろう。なお、三好市山城町にも子どもの泣き声を真似る怪としてコナキジジの伝承があり（『民間伝承』4-2）、山城町にはこれに基づいて2001（平成13）年に「児啼爺の碑」が建立されている。

四九火
徳島市と小松島市の境に位置する芝山（日峰山）に出るという怪火。カゼンドウともいう。4と9のつく日に現れ、手招きすると必ずそこに飛んでくる。その際は雪隠（便所）に入り草履を頭の上に載せていれば、3回雪隠の上を舞って飛び去るという（『郷土趣味』21）。

高入道
見上げれば見上げるほど、どこまでも背丈が伸びていくという怪。高坊主、タカセンボウともいい、また祖谷山（現・三好市）ではノビアガリといった。狸が化けたものとされるが、徳島市沖洲の「高須の隠元」とよばれていた狸が化けたとされる高入道は、夜道を歩く人に相撲を挑んできたという。ただこれに勝ってしまうとその夜は風雨が激しくなって不漁になり、逆に負けると不思議に大漁になる。そこで、この辺の漁師はこれに出会うと、わざと負けてやることにしているという（『阿波の狸の話』）。

衝立狸
美馬市脇町の高須というところにいた狸で、人が夜更けにそのあたりを通ると、道の真ん中に大きな衝立が立って進むことができなくなる。いわゆる「塗り壁」の怪異である。下腹に力を入れて構わず通ればわけなく進むことができるというが、多くの人はこれを怖れて夜にそこを通る者がなくなった。そこで付近の人々が集まって光明真言の石碑を立てて狸を封じ込めたので、それ以来この怪異はなくなったという（『阿波の狸の話』）。

ツチノコ
藁打ち槌のような形をした蛇。三好市山城町ではノヅツ、美馬市木屋平ではタテカエシともいう。一見動きは鈍重だが、坂道では縦に転がってものすごい勢いで迫ってくる。下に逃げると追いつかれるので、横に逃げなければならないという（『木屋平の昔話』）。

手杵
美馬市木屋平に伝えられる怪物。赤子のような姿だが、のっぺらぼうの一本足で、全体的に手杵の形に似ているためその名がある。円を描くように跳ねまわり、山中で踊りを踊っているようにみえるので「山舞い」ともよばれる。特に何か悪さをするわけではないが、これを目にした人が恐怖のあまり病みつき、ついに亡くなってしまったという話もある（『木屋平の昔話』）。

ドンガン
人や牛馬を水中に引きずり込んで殺してしまうという怪物。いわゆる河童に相当するが、ドンガンとはまたスッポンのことで、スッポンがそうした災いの元凶であるとも考えられた。県南部でい

Ⅲ　営みの文化編　**125**

うゴタロもまたスッポンを意味するという。勝浦郡勝浦町の坂本川にかつてあった馬渕は、馬がドンガンに首を食いちぎられて殺されたことからその名前が付いたといい、また殺された馬の亡霊が首切れ馬となって、近づく者を渕に蹴り込むという噂が流れたという（『勝浦町の民話と伝説』）。

ノガマ

山道を歩いているときや山で仕事をしているときに、いつの間にか足などに切り傷ができていることがある。これを「ノガマにかかった」という。いわゆるカマイタチに似た現象である。祖谷山地域（現・三好市）では、葬式の穴掘りに用いた鎌や鍬は、7日間墓に置いた後に持って帰らないとノガマになって祟るという。ノガマにかかったときは、「仏の左の下のおみあしの下の、くろたけの刈り株なり、痛うはなかれ、はやくろうたが」と唱えるという（『祖谷山民俗誌』）。

メツキコロガシ

美馬市脇町の梨子木の里道に出たという怪。夜にそこを通ると、オフナトサン（道の神）の石のところから転がってきて、足にぶつかってくる。ヒノキの薄い板にご飯を入れて折りたたんだような、平たくて柔らかいものだという（『阿波脇町の伝説と探訪編（追）2-1』）。

夜行さん

節分の夜に首切れ馬に乗ってやって来るという妖怪。三好市山城町では片目で髭の生えた鬼だといい、おかずのことについてとやかく言うと毛の生えた手を出すという（『民間伝承』3-2）。また同市池田町では、峰の四つ辻に行って待っていると銭をくれるという（『阿波池田の昔話と伝説資料集』）。

山爺

徳島県の「山分」とよばれる山岳地帯を中心に伝承されている山の妖怪。山父、山ヂチなどともいう。人のような姿をしているが一本足であるともいい、また巨大であるとも、逆に子どものように小さいともいう。美馬市木屋平、およびその東の名西郡神山町では、山父は10歳ほどの子どもくらいの大きさで、黄昏時に山道を行く人に負うてくれとせがむ。しかし、背負うと次第に重くなって動けなくなってしまうので、断るために背負い縄の一方を短くしておくという（『木屋平の昔話』）。

山杣

三好市山城町でいう山中の怪。真夜中に山の中から木を鋸で引く音や、楔を打つ音、そして木が倒れる音が聞こえてくるが、実際に木を切り倒した跡はないという（『ふるさとの故事　総集編』）。

高校野球

徳島県高校野球史

　1915年の第1回全国中等学校優勝野球大会には，徳島中学（現在の城南高校），徳島商業，徳島工業，撫養中学（現在の鳴門高校），徳島師範の5校が参加．この大会には大阪でさえ6校しか参加していないことを考えれば，徳島の5校参加というのは非常に多いといえる．

　42年甲子園大会が中止となり，文部省主催による甲子園球場での全国中等学校野球大会が開催され徳島商業が優勝したが，これは正規の大会の中には入っておらず，"幻の甲子園優勝"となった．県勢初優勝は戦後の47年選抜での徳島商業である．

　49年に徳島商業は城東高校に統合され，52年に復活するまでいったん消滅．代わって台頭した鳴門高校は50年夏に準優勝．翌51年選抜にも出場すると初優勝を達成した．さらに52年選抜では3度目の決勝に進んだ．

　58年夏，板東英二投手を擁する徳島商業が出場し，準々決勝で魚津高校と対戦．この試合は村椿輝雄投手との投げ合いで史上初の延長18回0－0の引き分けとなり，翌日の再試合で勝利をあげた．この大会で板東投手がマークした83奪三振は大会記録である．39年選抜には海南高校が出場，尾崎正司投手の好投で初出場初優勝を達成した．

　74年選抜には蔦文也監督とわずか11人の部員で出場した池田高校が準優勝して"イレブン旋風"を巻き起こした．そして82年夏には準々決勝で当時人気・実力ともにナンバー1投手だった早実の荒木大輔投手を粉砕して圧倒的な破壊力で優勝，翌年春にも優勝して夏春連覇を達成．池田野球は金属バットの時代を代表する存在として高校球界の盟主となった．

　その後は，88年春小松島西高校，92年春新野高校（現在の阿南光高校），2009年夏徳島北高校，10年川島高校，11年春城南高校といった新しい高校が選抜を中心に甲子園の土を踏んでいる一方，10年以降の夏の大会では鳴門高校が11回中9回優勝するなど，黄金時代を築いている．

主な高校

阿南光高 （阿南市，県立）
春1回・夏1回出場
通算3勝2敗

1943年県立那賀農林学校として創立. 48年の学制改革で那賀農業高校となり, 翌49年新野高校と改称. 2018年阿南工業高校と統合し, 阿南光高校となる.

1950年創部. 新野高校時代の92年春, 甲子園に初出場すると横浜高校を降して初戦を突破, 96年夏には明徳義塾高校に勝って3回戦まで進んでいる.

池田高 （三好市，県立）
春8回・夏9回出場
通算42勝14敗, 優勝3回, 準優勝2回

1922年県立池田中学校として創立, 48年の学制改革で池田高校となる.

47年創部. 71年夏に甲子園初出場. 74年春に部員11人で準優勝し"イレブン旋風"を巻き起こした. 79年夏に2度目の準優勝で強豪の仲間入りを果たし, 82年夏, 83年春と2大会連覇. 以後, 10年間にわたって超攻撃野球で高校野球に一時代を築き上げた. 2014年選抜では22年振りに甲子園に出場している.

海部高 （海陽町，県立）
春1回・夏0回出場
通算5勝0敗, 優勝1回

1922年組合立海部実業女学校として創立. 28年県立に移管し海部高等女学校となる. 48年4月の学制改革で県立海部第二高校となり, 同年6月に海南高校と改称. 和歌山の海南高校と区別するために徳島海南高校と呼ばれた. 2004年日和佐高校, 宍喰商業高校と統合して県立海部高校となる.

1951年軟式から転換して創部. 64年選抜にエース尾崎正司を擁して甲子園に出場すると, 初出場初優勝を達成した. 以後は出場していない.

小松島高 （小松島市，県立）
春3回・夏1回出場
通算2勝4敗

1931年に県立小松島高等女学校として創立し, 48年の学制改革で小松島高校となった. 49年県立小松島農業高校を統合.

52年創部. 2001年選抜で甲子園初出場を果たすと, 初戦で神埼高校を降して初勝利をあげた. 03年には夏の初勝利をあげている.

小松島西高 （小松島市，県立）

春3回・夏2回出場
通算1勝5敗

　1951年定時制の徳島県立中央高校として創立．56年全日制となり小松島西高校と改称．62年に軟式から転換して創部．88年選抜に初出場．94年夏には海星高校を延長戦で降して初勝利をあげた．

徳島商 （徳島市，県立）

春19回・夏23回出場
通算41勝41敗1分，優勝1回，準優勝1回

　1909年徳島県立商業学校として創立．48年の学制改革で徳島市立女子商業学校を統合して県立徳島商業高校となるが，翌49年城東高校に統合された．52年に再独立して徳島商業高校として復活した．

　10年に創部し第1回大会予選から参加．35年選抜で初出場．甲子園大会が中止となった42年夏には文部省大会で優勝している．戦後，47年選抜で初優勝．58年夏には準優勝，準々決勝の魚津高校戦では史上初の延長18回引き分け再試合を演じている．この大会でエースの板東英二投手は83奪三振の大会記録を樹立した．

鳴門高 （鳴門市，県立）

春8回・夏13回出場
通算28勝20敗，優勝1回，準優勝2回

　1909年県立撫養中学校として創立し，48年の学制改革で鳴門高校となる．
　11年に創部し，15年夏の第1回大会予選にも参加．38年春に甲子園初出場．戦後，50年夏に準優勝すると，翌51年選抜では初優勝．翌52年選抜でも準優勝するなど，黄金時代を築いた．その後はしばらく低迷していたが，2010年以降は再び常連校として出場を続けている．

鳴門渦潮高 （鳴門市，県立）

春5回・夏6回出場
通算16勝11敗，準優勝1回

　1963年市立鳴門工業高校として創立．2012年鳴門第一高と統合して県立鳴門渦潮高校となる．

　1963年に創部し，73年春に甲子園初出場．99年春に26年振りに出場すると，以後常連校となり2002年選抜で準優勝．統合後は2017年夏に出場している．

　なお，鳴門第一高校として春4回・夏1回出場し，戦績は0勝5敗である．

Ⅲ　営みの文化編　　**129**

㉛徳島県大会結果（平成以降）

	優勝校	スコア	準優勝校	ベスト4		甲子園成績
1989年	小松島西高	6－1	川島高	小松島高	鳴門工	初戦敗退
1990年	徳島商	11－3	池田高	鳴門工	川島高	2回戦
1991年	池田高	5－3	鳴門工	城南高	新野高	3回戦
1992年	池田高	2－1	板野高	徳島東工	鳴門高	ベスト8
1993年	徳島商	16－6	鳴門高	名西高	阿波高	ベスト8
1994年	小松島西高	5－4	新野高	富岡西高	鳴門高	3回戦
1995年	鳴門高	16－1	生光学園高	鳴門工	阿波高	初戦敗退
1996年	新野高	7－5	鴨島商	名西高	富岡西高	3回戦
1997年	徳島商	6－0	鳴門工	生光学園高	板野高	ベスト8
1998年	徳島商	9－2	鳴門高	池田高	新野高	初戦敗退
1999年	徳島商	2－0	鳴門工	生光学園高	小松島高	2回戦
2000年	徳島商	5－2	小松島高	鳴門工	徳島北高	3回戦
2001年	鳴門工	3－0	小松島高	阿波高	徳島商	初戦敗退
2002年	鳴門工	4－3	鳴門第一高	鳴門高	生光学園高	ベスト8
2003年	小松島高	7－4	徳島商	鳴門工	徳島北高	3回戦
2004年	鳴門第一高	5－4	徳島北高	鳴門工	小松島高	初戦敗退
2005年	鳴門工	5－2	徳島商	生光学園高	海南・海部高	ベスト8
2006年	徳島商	9－3	徳島北高	海部高	小松島高	初戦敗退
2007年	徳島商	8－1	城南高	生光学園高	池田高	初戦敗退
2008年	鳴門工	3－0	徳島商	鳴門第一高	小松島高	2回戦
2009年	徳島北高	2－1	鳴門第一高	鳴門工	小松島西高	初戦敗退
2010年	鳴門高	7－6	小松島高	川島高	生光学園高	初戦敗退
2011年	徳島商	3－2	生光学園高	小松島高	鳴門高	3回戦
2012年	鳴門高	6－3	鳴門渦潮高	池田高	川島高	初戦敗退
2013年	鳴門高	9－4	川島高	鳴門渦潮高	生光学園高	ベスト8
2014年	鳴門高	6－5	鳴門渦潮高	池田高	生光学園高	初戦敗退
2015年	鳴門高	4－0	城南高	城東高	徳島北高	初戦敗退
2016年	鳴門高	2－1	鳴門渦潮高	富岡西高	生光学園高	ベスト8
2017年	鳴門渦潮高	6－0	板野高	川島高	生光学園高	初戦敗退
2018年	鳴門高	4－2	生光学園高	富岡西高	鳴門渦潮高	初戦敗退
2019年	鳴門高	8－1	富岡西高	徳島商	池田高	2回戦
2020年	鳴門高	7－6	徳島商	生光学園高	阿南光高	（中止）

大谷焼（大甕）

地域の歴史的な背景

　徳島は、阿波国と呼ばれ、『古事記』には「粟ノ国」と記されている。おそらく粟がよくつくられていたのであろう。

　当時、粟ノ国（あわ）と呼ばれていたのは吉野川流域を中心とする一帯で、県の北部、いわゆる北方（きたかた）に当たる。県の南部、いわゆる南方（みなみかた）は「長ノ国」と呼ばれた。この二つが合わさって「阿波国」と呼ばれるようになったのは、大化の改新（皇極4〈645〉年）以降のことである。

　粟ノ国には、『古事記』に書かれる以前から人々の暮らしがあった。吉野川流域の平地には、河口付近から池田町の辺りまで、川に沿って石器や土器を使っていた人々の遺跡（紀元前1〜後3世紀頃まで）が残っている。一方、長ノ国には河口の低地にわずかに見られるだけである。石器時代に続く青銅器時代、古墳時代（2〜7世紀頃）でも、北方の方が住みやすかったのであろう。

　吉野川中流北岸、美馬町郡里（こおざと）の大地に残る「段の塚穴」は、約50メートルを隔てて東西に並ぶ二つの横穴式古墳である。大きい方の太鼓塚は、入り口から奥行が14メートル、石室は縦4.6メートル、横3.5メートル、高さ4.4メートルと、規模の大きなことと構築の巧みなことにおいては、畿内と比較しても遜色のない遺跡といえよう。よほどの豪族がこの地方にいたと推測できるのである。

主なやきもの

大谷焼（おおたに）

　吉野川下流域の鳴門市大麻町大谷で焼かれた陶磁器をいう。

Ⅲ　営みの文化編

天明元 (1781) 年、徳島藩12代藩主蜂須賀治昭が、肥前 (佐賀県) の陶工万七を雇い入れて磁器窯を築かせ、徳島藩窯として開窯した、と伝わる。その総監督を務めた笹井惣左衛門は、九州にたびたび出向き、磁器の諸材料や陶工などの雇い入れに尽力した。そして、九州から陶工27人と荒仕子 (窯場で雑役をする人) を雇い、磁器を本格的に焼き始めたが、窯の構造の欠陥や原料石の不良などにより多額の損失をだして3年で廃窯した。

　その後、天明4 (1784) 年に惣左衛門が信楽の陶工忠蔵を招いて、陶器窯の納田窯を開窯。惣左衛門の弟である納田平次兵衛が忠蔵より甕づくりの技術を学び、萩原の陶土と姫田の釉土を用いて陶器を焼き始めた。

　大谷焼は、もともと甕や壺、徳利などの日常雑器が主であった。鉄分が多く焼締まった胎土に黒釉や飴釉などが厚く掛けられ、貼花や印花文による装飾もなされている。貼花は、中国の装飾技法の一つで、素地と同じ土を用いて型抜きや手捻りで文様を表し、これを器面に貼り付けて施文する手法。また、印花文は、成形後、素地が生乾きのうちに型を押し当てて表面に凹凸を与え、文様を表す手法である。

　特に甕は、肥前 (佐賀県)・石見 (島根県)・常滑 (愛知県) などと並んで大量に焼かれている。大谷の甕は、口が広くて底が狭まった形のものが多く、胴のふくらみがあまりない。色は暗い茶紫で、滑らかな釉薬面にやや光沢がある。この色合いは、甕に限らず、鉢や徳利などにも共通している。

　大谷焼の甕の中で特に特産品とも名物ともいわれるのは、1石8斗入りと1石3斗入りの大きな藍甕である。藍甕とは、植物染料の藍を発酵させ、木綿や麻を染めるための容器。化学染色が発達する以前は需要が多く、大阪方面から瀬戸内海沿岸一帯の紺屋に広く売り出されていた。大谷の窯場は、広大な水田地帯の中にあり、海には面していないが、吉野川の支流に近く、川船を使っての輸送が盛んだったのである。

　大甕づくりは、何段階かに分けられる。1石入りなら5段に、1斗入りなら3段に継ぐ。この場合、ロクロ (轆轤) は別の人に蹴ってもらいながら、職人は踏み台の上で成形していく方法が採られた。この独特な手法

を寝ロクロといった。二人がかりの高度な技術である。だが、甕の需要が減った今では、あまりみられなくなっている。最近は、甕や徳利に代わって、湯呑茶碗・皿・酒器などの民芸品が大谷焼の主流となってきた。

なお、大谷焼の元窯である納田窯は、明治36（1903）年に閉窯したが、以後、いくつもの窯が築かれ今日に至っている。

阿波焼

徳島市北山町の銭亀坂にあった徳島藩の御庭焼。明和6（1769）年に、11代藩主の蜂須賀重喜が京都から裏千家8代宗室の又玄斎一灯と伊勢松阪の時中窯の陶工植松丈七を招いてはじめさせた、と伝わる。

茶入や水指、風炉など京都風の茶陶が中心であったが、開窯から2～3年後に丈七が帰郷。その後、幕末の藩内改革などもあって閉窯するに至った。伝世品には、丈七がつくった青磁釉象嵌、壺壺水指などがある。窯跡は、残されていない。

金磯焼・福井焼

金磯焼は、小松島市金磯町で焼かれた陶磁器で、弁天焼ともいう。明治10（1877）年頃から素封家の多田宗太郎が趣味で製作をはじめた、とされる。製品は京都の陶工に倣ったものが多く、茶器や花器、鉢、水注など多彩である。染付・緑釉・鉄砂・辰砂などの釉薬を使った優れた作品を残したが、明治25（1892）年に宗太郎が没し、1代で廃窯となった。

福井焼は、阿南市福井町で江戸後期に焼かれた磁器。天保9（1838）年銘の染付土瓶が伝世するが、詳細は不明である。

Topics ● 阿波の藍染

　日本の藍は、「Japan blue」として世界に知られる。藍は、タデ科の一年草で、特に徳島県産の藍は「阿波藍」として名高い。

　徳島県では、鎌倉時代の中頃に、現在の美馬市のある地域で栽培が始まり、その後は吉野川市に中心が移った、という。江戸時代になると、吉野川流域が主要な産地になった。それは、吉野川は台風が来るたびに洪水を繰り返す暴れ川であったが、その氾濫によって流域に肥沃な土が運ばれたため、といわれている。徳島の藍づくりは、藩の保護奨励によって盛んになり、やがて日本最大の藍作地帯となったのである。

　「阿波藍」の魅力は、何といっても色そのものにある、といえよう。ひとくちに阿波藍といっても、「甕覗き」（甕を覗いたときのような淡い青色）・「浅葱色」（青色よりも緑色に近い藍）・紺色の中でも「勝色」「留紺」「紫紺」など種々多様な色が染め出されているのである。

　ちなみに、藍染の方法には、生葉で染める「生葉染め」もあるが、徳島県の藍染は、阿波藍（藍玉）を原料にして発酵建てという手法で染められる。

　葉藍を細かく刻んで発酵させてつくられる蒅を灰汁などで溶解して染液をつくり（藍建て）、できた染液に布を浸け空気にさらす。すると、酸化して発色する。これを何度か染め返して染め上げるのである。この染め方は、昭和43（1968）年に「阿波正藍染法」として、県の無形文化財に指定された。

　ハンカチなどの小物で藍染体験できる施設が、県内にはいくつかある。例えば、藍の館（板野郡藍住町）、藍染工芸館（徳島市応神町）、阿波の藍染しじら館（徳島市国府町）、古庄染工場（徳島市佐古七番町）、技の館（板野郡上板町）など。中には、藍染の工程を見学できるところもあるので、大谷焼の大きな藍甕を確かめることもできるだろう。

IV

風景の文化編

地名由来

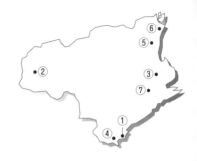

淡路島をめぐって紛糾

　阿波国は、そのほとんどのエリアが徳島藩によって治められていたので、明治4年（1871）7月時点での廃藩置県で「徳島県」がいち早く成立した。その時点では淡路島の南部も徳島県に属していた。ところが、その4か月後の11月段階で、徳島県は「名東県」という名前に変わってしまう。その背景にあったのは淡路島で、淡路島を四国に編入するということで、「徳島県」の枠を超えるという意味での改称であった。「名東」という地名は、県庁が置かれた場所が名東郡（なかたのひがしのこおり）であったというに過ぎない。

　この名東県はある意味で曲者で、明治6年（1873）2月段階では香川県を飲みこんで領土を拡大する。1回目の香川県消滅である。しかし、明治9年（1876）8月には、名東県の内旧阿波国エリアは高知県に吸収されてしまう。いわゆる四国2県時代である。この時点で、淡路島は四国から離されて兵庫県に編入されることになる。

　そして、今の四国の行政区域が成立するのは明治13年（1880）3月のことである。これは香川県も同様である。

　つまり、香川県も徳島県も終始淡路島を編入するかしないかで振り回されたことになる。

　豊臣秀吉は天正13年（1585）に紀州の雑賀一揆を抑えた後、その勢いに乗じて四国に攻め込んだ。その先陣を切ったのが播州竜野の城主蜂須賀正勝・家政父子で、同年四国を平定し、その功績によって蜂須賀正勝は阿波一国を与えられることになった。正勝は老齢のため辞退し、家政が入封した。家政は当初一宮城（徳島市一宮町）に入城したが、翌年海抜62メートルの「渭山（いのやま）」の麓に平城を築き、その城を「徳島」とした。これが徳島の発祥である。

　徳島は「渭津（いのつ）」とも呼ばれ、徳島城も渭津城と呼ばれることがある。阿波国はその後、江戸時代を通じて蜂須賀氏およそ25万石で治められるこ

とになる。

とっておきの地名

①海部

徳島県にある「海部郡」の郡名は「かいふ」である。一般的には「海部」は「あまべ」と読み、海洋で漁業に従事する部族を指している。同じ「海部」を使っても、愛知県は「海部郡」であり、「海士」と表記する場合もある。いずれも海人族が住みついたところであり、徳島県の「海部郡」は平安末期に「那賀郡」の南部が独立して生まれたとされる。ここに定着したのは九州北部に拠点を置いた安曇族の系統だと言われる。

現在の海部郡は、「牟岐町」「美波町」「海陽町」の3町から成っている。「海部町」という自治体もあったが、平成18年（2006）に「海南町」「宍喰町」と合併して「海陽町」となった。

②大歩危・小歩危

吉野川上流にこの全国に知られた景勝地がある。大歩危で乗った遊覧船の船頭さんが、「昔からここは険しいところで、大股で歩いても小股で歩いても危険なので、大歩危・小歩危と呼ばれるようになりました」と説明を加えていた。

これは単なる観光用の話として聞いておこう。「ボケ」「ハケ」「ハゲ」などは、漢字が入ってくる以前から「崖」を示す地名として存在しており、その「ボケ」に「歩危」という漢字を充てがったに過ぎない。「大ボケ」「小ボケ」であり、「大ボケ」は上流にあって崖が厳しく険しいところ、「小ボケ」はやや下流になって崖が低く緩やかになっているところになっている。ちゃんとその地形を見て命名しているのである。

それにしても「ボケ」に「歩危」を充てた知恵は見事である。

③十八女

何とも強烈な地名で、阿南市にある。那賀川沿いに上っていき、十八女大橋を過ぎると、もうそこが十八女の集落である。十八女を開拓したのはおよそ800年も前のことで、平家の落人伝説にちなんでいるらしい。『加茂谷村誌』には、壇ノ浦で敗れた平氏が阿波にも逃げてきたことは事実で、この地にも落ちて来たと考えられる、と書いている。

IV　風景の文化編　　137

この地を開拓した湯浅但馬守の位牌を、子孫に当たる湯浅さんから見せていただいた。そこには「文治五年九月十六日没」と記されている。平家滅亡の4年後ということになる。

その湯浅但馬守が姫君をかくまって8歳から18歳まで育てたという伝承がある。それで「十八女」という地名が生まれたという。湯浅さんのお宅のすぐ上に、五輪塔が24基祀られている。当時の落人の墓だという。

たぶん、そのような事実があったのだろう。それがなぜ「さかり」という音になったかだが、単純に当地が「坂入」つまり、坂に入る入口だったのではないかと推測される。が、それだけではロマンが消えてしまう。

④宍喰（ししくい）　徳島県の最南端に位置する。明治22年（1889）に「宍喰村」が誕生し、大正13年（1924）に「宍喰町（ちょう）」となったが、平成18年（2006）海部町、海南町と合併して海陽町となった。この一帯は津波によってしばしば大きな被害を被ってきたところで、幕末に津波被害を記した『震潮記（しんちょうき）』が最近現代語に翻訳されて注目を集めている（詳細は谷川彰英『地名に隠された「南海津波」』講談社＋α新書を参照）。

宍喰に関しては、従来、「喰」は「クエ」のことで崩壊地名だとする見解が強かった。だが、この説の決定的な難点は「宍」を説明していないことであり、さらに、宍喰浦と同じような浦はこの地にはずっと連なっており、ここだけがなぜ「宍」を使っているかを説明できていないことである。

「宍（シシ）」とは猪などの4つ足の野獣のことで、それを「喰う」というのが「宍喰」の素直な解釈になる。

『日本書紀』では、履中天皇崩御直前に「鷲住王（わしすみのおおきみ）」という人物のことが記されている。強力な力を持った人物とされ、「讃岐国造・阿波国の（さぬきのくにのみやつこ　あはのくに）脚咋別（あしくひわけ）」の始祖とされる。ここにある「脚咋」が「宍喰」のルーツだということになっている。この「脚咋」という言葉は「葦をつくって主食としていた住民」という意味だし、それがその後狩猟にかかわる「宍喰」に転訛していったものとされるが、はたして「葦」を主食にするという人々が実在したのかは不明。そうではなくて、「脚咋」の「脚」とはもともと動物の足を指しており、それが広がって「宍」になったのではなかろうか。この解釈のほうが説得力がある。

138

⑤眉山（びざん）　どの方向から見ても眉のように見えるところから、この名が生まれたとされる。徳島市のシンボル的存在。南西から北東へ細長くのびる丘陵で、長さ約4キロメートル、幅約2キロメートル。最高地点は標高290メートルだが、東部にある277メートルの峰が山頂と呼ばれている。

『万葉集』に次の歌がある。
　　眉のごと雲居に見ゆる阿波の山
　　　　　　かけてこぐ舟泊（とまり）知らずも
船王（ふねのおおきみ）の作で、眉のように遥かに見える阿波の山を目指して漕ぐ舟はどこに停泊するかもしれない、といった意味合いの歌である。

⑥撫養（むや）　「撫養町」は明治22年（1889）に成立した。昭和22年（1947）、「撫養町」「鳴門町」「瀬戸町」「里浦村」が合併して「鳴南市」（めいなん）となったが、住民の不評をかって「鳴門市」に改称された。今も鳴門市の中心地である。

地名の由来としては、船と船をつなぐことを「舫い」（もやい）といい、船と船をつなぐ共同作業にちなむというのがほぼ定説になっている。古来、この地は鳴門海峡への入口に位置し、航海上の準備をする必要から、このような地名が生まれたと推測できる。

⑦鷲敷（わじき）　「鷲敷町」（わじきちょう）は那賀川中流域にあった町。明治22年（1889）、那賀郡「鷲敷村」として成立し、明治41年（1908）に「鷲敷町」となったが、平成17年（2005）には那賀町などと合併し、新生「那賀町」の一部となり、自治体としては消滅。中世から江戸期にかけて「和食」と表記されてきた。

当地にある蛭子神社に、蛭子の神が楠の丸木舟に和鷲の羽を敷いて下ってきたという伝承が残る。

難読地名の由来

a.「鮎喰」（徳島市）**b.**「府中」（徳島市）**c.**「法花」（徳島市）**d.**「一宇」（美馬郡つるぎ町）**e.**「雄」（那賀郡那賀町）**f.**「五倍木」（那賀郡那賀町）**g.**「落雷」（阿南市）**h.**「学」（吉野川市）**i.**「木綿麻山」（吉野川市）**j.**「犬墓」（阿

Ⅳ　風景の文化編　　139

波市）

【正解】

a.「あくい」（昔から当地では鮎がたくさん獲れて食していたことによるという）**b.**「こう」（もとは「国府」で「こう」なのだが、国府が置かれたところは「府中」と呼ばれたので、こちらも「こう」と呼ばれることになった）**c.**「ほっけ」（ホケのことで崖を意味する）**d.**「いちう」（「宇」とは家のことなので、成立時は一軒家であったことを示す）**e.**「おんどり」（文字通り、雄鶏に由来するか）**f.**「ふしのき」（「ふし」は「五倍子」「付子」と書き、ヌルデの若葉などに寄生するこぶ状の物を指している。昔は婦人のお歯黒に用いられた）**g.**「おちらい」（落雷神社があり、雷にちなむ）**h.**「がく」（阿波国の学問所がここにあったとされる）**i.**「ゆうまやま」（木綿や麻の産地にちなむか）**j.**「いぬのはか」（弘法大師が犬を連れてやってきたところ、猪に襲われて死んだという伝説がある）

商店街

東新町商店街（徳島市）

徳島県の商店街の概観

　徳島県内では徳島市の規模が大きく、県人口の31.1％を占める。徳島市以外では臨海部の鳴門市、小松島市、阿南市が早くから市制を施行しており、このなかでは新産業都市指定を受けた阿南市の人口がやや多い。県北吉野川流域平野の南岸には伊予街道、北岸には撫養街道が通じており、街道に沿って中心地が発達していた。藍の交易で栄えた脇町（美馬市）や木材の集散地でもある穴吹（美馬市）、貞光（つるぎ町）、下流域の在町に起源する市場（阿波市）、鴨島（吉野川市）などであり、最西端の土讃本線と徳島本線が合流する阿波池田（三好市）は愛媛県東部へ伊予街道も通じており、県西部の交通中心でもある。一方、山地が広い県南の海岸部では、四国遍路第23番札所薬王寺のある日和佐のほか牟岐、海部（海陽町）に小規模な町場が形成されている。

　2014年の「商業統計調査」によれば、徳島市の小売業年間販売額は県全体の37.4％を占め、第2位の阿南市（7.9％）との差は大きいが、小売業の集中度が特に著しいとは言えない。人口1人当たり小売販売額が県平均を上回っているのは徳島市のみで、小規模な商業地が分立していると言える。徳島県は以前から県外への買い物流出の割合が高いと言われており、高額の買回り品について県北は阪神で、西部は高松市や高知市で購入する機会が多かった。1996年の神戸淡路鳴門自動車道の全通とその後の自動車道の整備により、県外流出傾向が強まったと見られる。また、2011年に徳島市郊外に開店したショッピングセンターのほか、郊外店や量販店は山間地域を除く全県に分布しており、小規模な商業地の商業環境に大きな影響を及ぼしている。

　2014年の『商業統計表』には県内に70の商業集積地が挙げられているが、商店街は50程度と見られる。徳島市では新町川をはさんで内町と新町に

【注】この項目の内容は出典刊行時（2019年）のものです　　　　　　141

中心商店街が分かれており、東新町を中心とした新町地区が徳島市を代表する商店街であったが、駅前へのそごう百貨店の開店により内町の優位性が高くなった。中心商店街以外では、「蔵元」「佐古」「富田町」などの商店街はいずれも縮小傾向にある。徳島市以外では阿南市、鳴門市、美馬市脇町、三好市阿波池田に商店街が見られる。阿南市の「富岡商店街」は規模が大きいが、近年は空き店舗、空き地が目立つようになっている。また、美馬市脇町では撫養街道沿いに古い商家が並ぶ街並みが「うだつの町並み」として知られているが、商店街はその南東、撫養街道の300mほど南を走る県道沿いに形成されている。

　徳島県でも高齢化が進んでおり、限界集落を抱えている山間地域だけでなく、平野部でも買い物弱者に対する支援が課題になっている。全国的に注目されている「とくし丸」は2012年に徳島市で始められた移動スーパーマーケットで、軽トラックに約400品目を積んで、週2回の頻度で集落を巡回し、高齢者などの買い物支援だけでなくヒューマンネットワークの形成や見守り隊の役割も果たしている。「とくし丸」は、既存商店に影響を及ぼさないために商店から半径300m以内に入らないようにしているが、将来は商店（街）との共同も必要になるかもしれない。

> **行ってみたい商店街**

東新町商店街、西新町商店街、籠屋町商店街（徳島市）
―阿波おどりで賑わう中心商店街の再生―

　徳島市の中心商店街は、新町川以北の内町地区と新町川以南の新町地区に分かれ、後者にある商店街を取り上げる。徳島駅から新町橋通りを10分ほど行くと、左右にアーケード商店街の入口が見える。右が西新町商店街、左が東新町商店街である。東新町商店街の途中から分岐する籠屋町商店街（アルクかごや町）のアーケードはLED照明が美しく、「虹の流れる街」と呼ばれている。新町地区は阿波おどりの主会場となる場所で、周辺は飲食店の多い地区でもある。また、新町通りの先は眉山ロープウェイ乗り場に通じている。

　1585年に入国した蜂須賀家政が新町地区に商人を集めたのが始まりで、江戸時代初期には内町と並ぶ商業地区になった。1899年に徳島駅が開設されると新町橋通りがメインストリートとなり、商店街発展の基礎となった。県の経済活動が拡大すると商店街も発展し、1934年には地元商店主や資本家によって、東新町商店街入口に鉄筋コンクリート5階建ての丸新百貨店が開店した。東新町商店街には戦前すでにアーケードも設置されており、流行品がいち早く手に入る先端の商店街と言われた。戦後、商店街は復興活動に取り組み、1950年代には戦前の賑わいを取り戻した。高度経済成長期には、丸新百貨店の増床やダイエーの出店（1971年籠屋町）など新たな核店舗の開店が相次ぎ、県下一円を商圏とする商業地としての地位が築かれた。一方で丸新をはじめ、本商店街に本拠を置く商店、企業が県内各地に支所を展開していった。

　1970年代後半頃から、郊外店の増加などの商業環境の変化が懸念されていたが、1983年の徳島駅前におけるそごう百貨店の開店によって、人の流れが駅前中心に変わっていった。さらに、1998年の明石海峡大橋の開通による買い物客の県外流出、2001年の郊外型大型ショッピングセンターの開店により、中心商店街全体が衰退化し、空き店舗が目立つようになった。東新町商店街では核店舗が相次いで閉店し、2005年には商店街から映画館も姿を消し、地区からかつての賑わいは消えていった。周辺部では空き店舗が目立つが、東新町商店街は婦人服店や靴店など専門店が中心で、西新町商店街は藍製品などの民芸品店や刃物販売店もある落ち着い

Ⅳ　風景の文化編　　**143**

た商店街となっている。丸新百貨店跡は阿波銀行プラザとイベント広場に変わり、ダイエー跡などにはマンションが建設されている。また、商店街西口にあったマクドナルド跡（2010年閉店）に、2012年アニメ中心の映画館 ufotable CINEMA が開館し、駅前のポッポ街からアニメイトが移転してきた。中心市街地活性化の一環として2010年から「しんまちボードウォーク」が整備され、「とくしマルシェ」が開催されている。西新町では音楽・芸術ホールと高層マンション建設が計画されており、完成の暁には商店街は新しい商業ビルに衣替えすることになっている。

ポッポ街商店街（徳島市）
—ビルの谷間のアニメコンセプトの街—

JR 徳島駅前のビルの谷間にあるような幅4m、長さ160mほどの商店街。名称は「汽車ポッポ」に由来するという。1971年に約50店で振興組合を設立し、1975年の再開発により建設されたビルの間が商店街となり、組合員全員が再開発ビルの区分所有者であった。駅に近いという立地条件の良さから、1階だけでなく一部2階にも衣料関係の物販店や飲食店、サービス店が並んでいた。しかし、隣接してそごう百貨店が開店したことなど商業環境の変化により空き店舗問題が生じ、2000年頃からチャレンジショップを推進し、個性的な店舗が入居するようになったが、持続的に創業者を受け入れる仕組みが課題として残されてきた。現在は飲食店、理・美容店のほか衣料、雑貨など個性的な店舗が見られるものの空き店舗が大半となっている。

漫画・アニメ関連書籍の販売店があったことから、小規模ではあるが徳島の秋葉原的存在としてマニアの間では人気があり、アニメイトやメイド喫茶も入っていたが、現在はほとんどが撤退している。しかし、アニメコンテンツで活性化するコンセプトは現在も受け継がれており、2009年に始まった「マチ★アソビ」では本商店街も会場の1つになっており、毎年春と秋に開催される様々なアニメ・イベントには、全国からのアニメ愛好家やコスプレーヤーも含めて、3日間の期間中に1万人以上が集まり、期間中は商店街内の空き店舗スペースがイベント会場などに利用されている。立地条件の良さからテナントミックスの可能性が高いと言われているが、空き店舗所有者と商店街組合（テナント中心）の連携をいかにして強化するかが課題である。

大道銀天街（鳴門市）
―渦潮の街の商店街―

　JR鳴門駅から撫養街道を200mほど南下し、鳴門郵便局前の交差点を右折して鳴門線を渡ると、大道銀天街である。250mほどの通りの両側に約60の商店、銀行などが並び、空き店舗や空き地はほとんど見られない。

　1974年に鳴門市初の商店街振興組合を設立し、翌年から道路幅を18mに広げて両側に幅3.5mの歩道を設け、歩道部分にアーケードを設置して鳴門市一の近代的な商店街に変貌した。衣服、履物、時計、文具や贈答品店など各種の商店が並び、鳴門市周辺の地域住民で賑わった。しかし、鳴門大橋、明石海峡大橋の開通により京阪神地域と直結したことや、近隣地域に大型商業施設が進出した影響は大きく、商店街内にあったスーパーマーケットも廃業し、客足は減少した。県内で最初に「100円商店街」事業に積極的に取り組み、小学校高学年を対象にした起業体験プロジェクト「ジュニアエコノミーカレッジ」を開催するなどし、一定の集客力を上げる効果はあったが、継続的な顧客獲得につなげることが課題になっている。

　初期から営業していると思われる商店をはじめ店構えは小奇麗に整えられており、アーケードは老朽化が目につくが歩道の舗装やベンチには傷みは見られないなど、手入れは行き届いている。地元プロサッカーチーム「徳島ヴォルティス」の応援ののぼりが立てられていて、老舗の商店街としてがんばっている姿を見ることができる。

阿波池田駅前商店街（三好市）
―「四国のへそ」の商店街―

　三好市阿波池田町は県西部の交通の中心で、山間地域に広い商圏を有しており、徳島市に次ぐ商業中心地とも言える。また、「四国のへそ」とも呼ばれる位置にあり、高松市や高知市までJR特急を使えば1時間強で行くことができる。

　JR阿波池田駅前から北東に伸びる約200mの全蓋型アーケードの商店街が駅前商店街で、途中から東へ同じくアーケードのある銀座商店街が分かれ、その先には日本たばこ産業池田工場があった。工場は1990年に閉鎖され、自動車部品工場を経て現在はスーパーマーケットになっている。その影響か銀座商店街は商店の連続性が低くなっており、アーケードも撤去された。

Ⅳ　風景の文化編　　**145**

駅前商店街が面する道路は、自動車の通行が可能な2車線道路で路線バスも通るが、車輌の通行量はそれほど多くはない。かつては呉服店などの買回り品店や飲食店、旅館などが50店ほど並び、山間地域からの買い物客で賑わっていた。しかし、周辺地域の高齢化、高松市や高知市への購買流出などにより店舗数は減少した。現在は飲食店や菓子店などが中心であるが、各店舗の間口の広さや昔ながらの造りの商店、今も営業を続けている旅館などに、往時の本商店街の面影をうかがうことができる。また、空き店舗に木工所兼販売店を導入したり、安全確保のために店舗空き地を「ふれあい広場」にして交差点の見通しをよくしたりするといった工夫も見られる。

コラム

祭りと商店街

　商店街と祭と聞けば、七夕飾りで賑わう仙台の商店街、商店街内を疾走する岸和田のだんじり祭りや博多祇園山笠などが思い浮かぶ。「まつり」と「商店街」でネット検索すると多様なサイトがヒットし、なかには長野県松本市の商店街映画祭、京都三条会商店街の地ビール祭りのように、イベントと呼ぶのがふさわしいものもある。

　祭りに露店はつきものであるが、祭りと商店街の結び付きも古い。ともに多くの人が集まるという点では共通しており、来街者が減少している商店街にとっては祭りやイベントは集客の機会として期待されている。一方、祭りの実施には、会場や施設の確保、経費、要員が必要になり、商店街が関わることも多い。商店街には地域のことに精通した人材がおり、広場や休憩施設もある。祭りの参加者や観覧者にとっては、物品やサービスを提供する商店の存在はありがたい。

　400年以上の歴史のある阿波おどりでは、商店街が実施に関わることはほとんどないが、商店街近くの広場などに演舞場が開設され、商店街の通りも練踊り場になる。一帯は阿波おどり一色に染まり、押し寄せる観光客の移動通路としての色合いが強い。全国に広まった阿波おどりのなかでも有名な東京都の高円寺阿波おどりは、商店街青年部が活性化のために導入した経緯もあって、商店街が実行委員会を組織しており、商店街が会場になっている。

花風景

スダチ（県花）

地域の特色

　北は讃岐山脈とその南麓の中央構造線の吉野川、東は北端に鳴門海峡、南端に蒲生田岬が位置する紀伊水道、南は阿南海岸が長く延びる太平洋、西は剣山などの高山を擁する四国山地となっている。吉野川は上流部支流に秘境と呼ばれる祖谷渓があるが、河口に沖積平野の徳島平野を生み、徳島や鳴門の都市を発展させた。近世には蜂須賀氏が阿波の国に入り、徳島に城下町をつくり、藍、塩、煙草などを特産品とした。近代には吉野川などの治水に力を注いだ。太平洋側の暖温帯の気候となっている。

　花風景は、現代の都市公園のサクラ名所、町の花木、近代化遺産にちなむチューリップ園の他、特にハス・スダチ・ソバなどのなりわいの花、高原の花木や山岳信仰の山の貴重な山野草などが特徴的である。

　県花は、後述の主な花風景でも紹介する通り、ミカン科ミカン属の常緑樹のスダチ（酢橘）である。小さな白い花をつけ、小さな果実を結ぶ柑橘類である。近縁のユズ（柚）、カボス（香母酢）などと同様に、爽やかな酸味と香りを持つ果汁が重宝されている。スダチは、わが国の柑橘類の野生種であるタチバナに関係し、「酢の橘」に由来しているという。

主な花風景

西部公園のサクラ　＊春、日本さくら名所100選

　西部公園は徳島市にある眉山（290メートル）の北側斜面中腹部に位置し、面積約5ヘクタールである。春になると約500本のソメイヨシノが咲き誇る。もともと陸軍戦没者の墓地であった所を徳島市が公園として整備し、1958（昭和33）年に開設した。戦前までは、眉山北東麓の春日神社などがある大滝山界隈がサクラの名所として知られていたが、西部公園が整備され、サクラの植樹が進んだことで新たなサクラの名所が生まれた。86（同

凡例　＊：観賞最適季節、国立・国定公園、国指定の史跡・名勝・天然記念物、日本遺産、世界遺産・ラムサール条約登録湿地、日本さくら名所100選などを示した

61）年から88（同63）年にはサクラを活かしたかたちで再整備が進められ、90（平成2）年、「日本さくら名所100選」の一つに選ばれた。

1989（平成元）年に西部公園南方500メートルの斜面を試掘したところ、岩盤を通じて水が噴き出し、藩政時代に藩主蜂須賀公がお茶用の水として愛用していた「桐の水」が復活したと関係者が喜び、公園の飲料水として導入した。眉山湧水群（徳島市の眉山山麓から湧き出る湧水群）では、一番高い所にある水源で、ミネラルの中ではマグネシウムが特に多いという。

石井町のフジ　＊春

石井町は徳島県の北部を流れる吉野川沿いにある。フジは町の花であり、町内の各所で見られる。なかでも地福寺の境内には、紫藤と白藤の2種類の藤棚がある。紫藤は200年余り前に、第8代住職の隆淳和尚が植えたとされるものであり、町のシンボルとなっている。南北30メートル・東西6メートルほどの藤棚は、時期を迎えると1メートルにも及ぶ花房が垂れ下がる。毎年、4月下旬～5月上旬に開催される藤まつり期間中には、盆栽審査会や写真撮影会などのイベントも開催され、町内外から多くの人が訪れている。

地福寺のほか町内では、徳蔵寺や空海（弘法大師）が幼少期に学んだことが寺号の由来とされる童学寺がフジの名所として知られている。

デ・レイケ公園のチューリップ　＊春、登録有形文化財

デ・レイケ公園は徳島県北部、吉野川の支流である大谷川下流の河畔にある。春になると14種、約15,000本のチューリップが赤や黄など色とりどりの花を咲かせる。この公園はデ・レイケの偉業を讃えて2009（平成21）年に整備されたものである。

デ・レイケは1873（明治6）年に明治政府が招へいしたオランダ人技師であり、公園の近くには彼の指導の下、86（同19）年から2年間かけて建設された石造の「大谷川堰堤」がある。堤長60メートル、堤高3.3メートルで、2002（平成14）年には登録有形文化財となった。デ・レイケは来日からオランダに帰国する1903年（明治36年）までの約30年の間、数回、休暇帰国した以外は、その大半を日本で過ごし、木曽三川改修、淀川改修、大阪築港など数々の業績を上げ、わが国の近代砂防の祖と称されている。デ・

レイケは、川を治めるためには最初に山を治めることから始めるべきである、という考えを持ち、それに沿って治山・治水を進めたという。1884（明治17）年の6～7月に、22日間かけて吉野川の調査を行い、同年9月に吉野川検査復命書を提出している。水源涵養に着目し、流域の山林を監視する人を置き、林などを切り開いて畑とすることは禁止せよ、という趣旨の復命をしたとされ（『徳島県史』第五巻）、記述からもデ・レイケの治山・治水に対する考え方をうかがい知ることができる。

吉野川下流域のハス　＊夏

　ハス田は徳島県北東端にある鳴門市の大津町を中心に広がる。7～8月にかけて白やピンクの花をつける。

　徳島県は「蓮根」（「はすね」とも読む）と表すレンコンの全国有数の生産量を誇る。吉野川の豊かな水と肥えた粘土質の土により育まれている。大津でレンコン栽培が始まったのは今から100年ほど前とされる。1946（昭和21）年の南海地震による地盤沈下により水稲が塩害を受けたことを契機として本格的に始まり、昭和40年代に入ると水田からの転作で一気に広まったという。路地栽培の主力は備中種である。色が白く光沢があり、シャキシャキ、ホクホクといった歯ざわりの良さが魅力となっている。

　ハス田は「鳴門市平野部のレンコン畑」として環境省が選定した生物多様性保全上重要な里地里山の一つである。ナベヅル、コウノトリの飛来地・えさ場となっているほか、農業水路には市街地近郊にもかかわらず希少な淡水魚や絶滅が危惧されている湿性植物が生息・生育している。

徳島のスダチ　＊春

　スダチは5月頃に白い小さい花を咲かせる。徳島県を代表する果物であり、栽培面積、収穫量ともに全国一を誇る。1974（昭和49）年に県の花に指定された。また、観光宣伝などで見かける「すだちくん」は93（平成5）年に開催された東四国国体で登場した徳島県のマスコットであり、最近では「とくしま創生サポーター」として徳島県の地方創生の取り組みを応援するなど、活躍している。

　スダチは徳島県では古くから庭先に果樹として植えられていたが、商業生産の歴史は比較的新しく戦後のこととされる。1956（昭和31）年頃、神

Ⅳ　風景の文化編　　149

山町鬼籠野地区で養蚕業が立ち行かなくなり、農家有志がスダチ栽培に取り組み始め、市場の開拓を推し進めた。また、81（同56）年には県内各地を襲った寒波により温州ミカンが甚大な被害を受けたことから、佐那河内村では耐寒性のあるスダチへと一気に生産転換が図られたという。現在、スダチは徳島県内のほぼ全ての市町村で生産されており、主な生産地は神山町、佐那河内村、阿南市、徳島市などである。

「四国のみち」の阿南市阿瀬比から22番札所平等寺を経由してJR阿波福井駅までの区間11.6キロは「竹林とスダチ香るみちコース」と名付けられて親しまれている。「四国のみち」は正式名称を「四国自然歩道」といい、全国に整備されている長距離自然歩道の一つである。四国のみちは全長約1,546キロで起点は徳島県鳴門市、終点は徳島県板野町である。四国霊場の他、各地の自然や文化に親しみながら歩いて四国を一周することができる。

にし阿波地域のソバ　　＊秋、重要伝統的建造物保存地区、世界農業遺産

にし阿波地域は、徳島県北西部の2市2町（美馬市、三好市、つるぎ町、東みよし町）で構成されている。この地域では、かつて地元の人が主食としていたソバが栽培され、秋になると可憐な花をつけて風景に彩りを添える。

2018（平成30）年、この地域で行われている「にし阿波の傾斜地農耕システム」が「国連食糧農業機関（FAO）により世界農業遺産に認定された。世界農業遺産とは、「世界的に重要かつ伝統的な農林水産業を営む地域（農林水産業システム）をFAOが認定する制度」（農林水産省）である。急傾斜地にある農地にカヤ（ススキ、チガヤなどの総称）をすきこむことによって肥料として活かすとともに土壌流出を防ぎ、また、独自の農具の使用や技術などによって、段々畑のような水平の土地をつくらずに急傾斜の土地のまま農業を営むものである。雑穀や地域固有品種野菜の栽培の他、畑・採草地・古民家などがモザイク状に広がる山村風景や農耕とともにあった伝統行事などが継承されてきたことも評価された。

特に2005（平成17）年に重要伝統的建造物保存地区に選定された落合集落（三好市東祖谷）では対岸の中上地区から眺めるとソバの花と民家と石垣が織りなす一体となった風景を味わうことができる。落合集落は、東祖

谷のほぼ中央、山の斜面に沿って広がる。保存地区の面積は約32.3ヘクタールである。東西約750メートル、南北約850メートルの範囲であり、地区内の高低差は約390メートルと大きい。保存地区内には江戸中期から末期に建てられた主屋などが多く残されている。

船窪つつじ公園のツツジ　＊春、天然記念物

　船窪つつじ公園は、徳島県北部の吉野川市と美馬市の境界付近に位置する。阿波富士ともいわれる美しい姿の高越山（1,133メートル）から奥野々山（1,159メートル）に至る尾根筋に位置する高原状の窪地に広がる公園である。5月中旬頃から朱赤色の鮮やかなオンツツジの花で一面が染まる。一帯は長さ約500メートル、幅約60メートル、面積約3ヘクタールで、オンツツジを中心にトサノミツバツツジなど約1,200株が群生している。特にオンツツジの株は1株に20数本の主幹を持つものや高さ6メートルに及ぶものもある。

剣山のキレンゲショウマ　＊夏、剣山国定公園

　剣山（1,955メートル）は石鎚山（1,982メートル）と並ぶ四国山地の主峰であり、西日本第2の高峰である。

　キレンゲショウマは夏の剣山を代表する花である。長さが数センチのラッパ状で、やや肉厚の黄色い花をつける。和名はレンゲショウマに似ており、花が黄色であることに由来するとされる。テレビドラマ化もされた宮尾登美子の小説『天涯の花』で広く知られるようになった。剣山に鎮座する剣神社の宮司夫妻の養女となった主人公の珠子は、山小屋で親を手伝う典夫に案内されてキレンゲショウマの花と対面。美しさに魅せられた珠子は我を忘れ立ち尽くしてしまう。2000（平成12）年、この小説の記念碑が見ノ越の剣神社に建てられた。

　剣山一帯は吉野川上流の大歩危・小歩危や祖谷渓などと共に1964（昭和39）年に国定公園として指定された。剣山の海抜1,700メートル以上の地域は亜高山帯に属し、特にシコクシラベ群落は類例をみない特異なものであり、54（同29）年に「剣山並びに亜寒帯植物林」として県の名勝天然記念物に指定されている。

IV　風景の文化編　　151

公園／庭園

国立公園鳴門海峡

地域の特色

　徳島県は四国の南東部に位置し、北は讃岐山脈とその南麓の中央構造線の吉野川、東は北端に鳴門海峡、南端に蒲生田岬が位置する紀伊水道、南は阿南海岸が長く延びる太平洋、西は剣山などの高山を擁する四国山地となっている。吉野川を挟んで讃岐山脈と四国山地が東西に走り、県面積の約80％が山地となっている。紀伊水道に注ぐ吉野川は上流部支流に秘境と呼ばれる祖谷渓があるが、河口に沖積平野の徳島平野を生み、徳島や鳴門の都市を発展させた。徳島は河川が多く、水の都ともいわれている。南の那賀川も沖積平野を生み、阿南を発展させた。蒲生田岬北側の橘湾は小島が多く、南側の阿南海岸は山地が迫る岩石海岸をなし、特に蒲生田岬から旧城下町の日和佐にかけては海食崖が続き、千羽海岸には高さ240ｍを超える断崖が見られる。

　徳島県は先史時代からの遺跡が残り、古代には阿波の国と称され、阿波国分寺も建立された。平安中期以降、弘法大師信仰が広まり、四国八十八箇所の霊場が定まり、阿波にも23の札所が置かれた。近世になって蜂須賀氏が阿波に入り、猪山城（現徳島城）を築き、徳島藩の城下町をつくり、明治維新まで続いた。この時期、淡路島も徳島藩に属した。徳島では吉野川の藍栽培、撫養の塩田、山地の煙草栽培が盛んであった。鳴門には、第一次世界大戦で、中国の青島で日本軍の捕虜となったドイツ兵の収容所があった。1917（大正6）年から20（大正9）年まで約1,000名を収容し、友好の歴史を残した。

　自然公園は鳴門海峡や剣山を主として、都市公園は城郭、水の都、ドイツ兵物語にちなむものがあり、庭園は城郭や国分寺にちなむものが残されている。

主な公園・庭園

🔘瀬戸内海国立公園鳴門海峡 ＊名勝

　鳴門海峡は兵庫県淡路島の門崎と四国徳島県の孫崎の二つの岬で極端に狭められた幅約1.4kmの海峡である。満ち潮で紀伊水道から大阪湾・明石海峡・播磨灘に入った海水は約6時間で満潮となって鳴門海峡から流れ出す。この時紀伊水道はちょうど干潮にあたり外海に流れる。鳴門海峡で播磨灘の満潮と紀伊水道の干潮が重なり、しかも、流れの方向が一致して急流となる。満潮と干潮の落差は最大1.5mになるという。これに加えて、海峡の海底地形の中央部が深く切れこみ、流れが中央は速く、沿岸は遅くなり、速い潮と遅い潮が渦を生みだす。

　鳴門の渦潮は古代から知れ渡っていた。10世紀の紀貫之の『土佐日記』には、海賊におびえ、しきりに神仏に安全を祈る航海が描かれている。海賊は夜中には行動しないと阿波の水門（鳴門海峡）を夜半に横切り、早朝沼島を通過し、現在の大阪の深日辺りに到着する。古代の鳴門は恐怖の風景で、楽しむどころではなかった。近世になって旅が盛んになり、好奇心から鳴門をわざわざ見に出かける人物が現れる。談林派俳人の大淀三千風の1690（元禄3）年の紀行文『日本行脚文集』にその様子が生きいきと描かれている。三千風は全国を旅して、富士山、立山、白山、阿蘇山、雲仙岳などにも登り、本朝十二景を選定した人である。三千風の見た鳴門の風景は、轟音がとどろく音の風景であり、まさしく音が「鳴る門」であった。1862（文久2）年の暁鐘成の『雲錦随筆』でも「常に鳴るを以て鳴門といふ」と伝えている。三千風は鳴門の音を聞こうと淡路島の南端門崎に出向く。案内者を伴い尾根伝いに約6km歩き、さらに岬を約2km進んで岩壁の上に立つ。海峡を見ていると西南の海がふくれあがり、轟音がひびく。潮の息が狭い喉であえぐ音のようだという。鳴門の風景が広く評価されるのは江戸後期のことであった。1800（寛政12）年、淵上旭江の『山水奇観』に鳴門の絵が現れ、11（文化8）年、探古室墨海の『阿波名所図会』に詳しい客観的な記述と迫真の「鳴門真景」の絵が現れる。そして、広重の53（嘉永6）年頃の『六十余州名所図会』や57（安政4）年の有名な「阿波鳴門之風景」などで広く普及していく。この「阿波鳴門之風景」は『阿波名所図会』を模

Ⅳ　風景の文化編　　153

したものであった。

1985（昭和60）年に完成した大鳴門橋は潮流に悪影響を与えないように多柱基礎構造とし、後に車道の下層の鉄道予定路面を人が歩いて渦潮を見られる海上遊歩道「渦の道」とした。

⊜ 剣山国定公園剣山　＊日本百名山

剣山（1,955 m）は石鎚山と並ぶ四国山地の主峰であり、徳島県と高知県の県境に位置する。西日本第2の高峰であり、その名から険しさを感じるが、山頂付近はなだらかな準平原状の地形で、登りやすい山である。古くから山岳信仰の地であり、上部にはシコクシラベの貴重な純林が残っている。北麓には断層の中央構造線が東西に走り、吉野川が流れ、大歩危・小歩危が渓谷美を見せる。また支流には人を寄せつけなかった秘境祖谷渓がある。平家落人伝説や蔓橋が知られている。

⊜ 徳島中央公園　＊史跡、名勝、重要文化財、日本の都市公園100選、日本の歴史公園100選

徳島市中央部、助任川と寺島河のデルタには標高61 mの城山があり、その地に築かれた徳島城は、江戸期を通して蜂須賀家25万石の居城であった。石垣には、徳島市のシンボルである眉山の青石（結晶片石）が使われ、この城特有の味わいを醸し出している。明治の廃城令により、各地の城と同様、この城の建物も鷲の門を除いてすべてが取り壊された。1905（明治38）年、徳島市はこの城址を蜂須賀家から買い取り、日露戦争戦勝記念として公園建設を開始し、翌1906（明治39）年に徳島公園を開設した。設計を担当したのは、日比谷公園と同じく本多静六と助手の本郷高徳であり、ここは日本で2番目の西洋風公園である。時代は下り77（昭和52）年、本公園は呼称変更され、徳島中央公園となった。

現在、公園内には旧徳島城表御殿庭園、徳島城博物館、スポーツ施設などが点在し、バラ園や流れ池などの見どころにも恵まれ、市民や観光客が訪れている。特に表御殿庭園（千秋閣の庭）は、桃山期を代表する名園として高く評価されている。また、明治の廃城令による取り壊しを逃れた鷲の門は、1945（昭和20）年の徳島大空襲で焼失したが、89（平成元）年、市制100周年を記念して復元されている。

さて、徳島城は城山に築かれた平山城である。普通、平山城あるいはそ

の城址公園は、城下全体を睥睨する高所に位置し、その土地のシンボルとなる。もちろん、徳島城も徳島のシンボル的存在ではあろうが、しかしここにはもう一つ象徴があった。青石の産出地、標高290mの眉山である。市街地のどこからでも眉の姿に見える眉山、城下を一望する高所は眉山にあり、したがって徳島の平山城は見下ろされてしまうのである。市街地に隣接するシンボリックな山から、本公園を見下ろす景観、これもまた徳島という土地の魅力といえよう。

都 新町川水際公園

JR徳島駅にほど近い繁華街、新町川沿いに都会的な公園がある。新町川水際公園である。1985（昭和60）年「中心市街地活性化計画」により、河川整備と公園整備の両事業を徳島県と徳島市が合同で実施したもので、89（平成元）年に完成した。街の活性化を担うため、街と一体となったイベント開催広場が設けられ、水と樹木による安らぎの空間が演出されている。昼間、水辺のモニュメントで子どもたちが遊び、夜はLEDの光が幻想的な空間を浮かび上がらせる。老若男女が時間帯により入れ替わりながら、各々の流儀で街と一体化した公園を楽しんでいる。

都 ドイツ村公園 ＊日本の都市公園100選

徳島県鳴門市に、特異な歴史をもつドイツ村公園がある。第一次世界大戦中、ドイツの租借地青島で日本軍の捕虜となった約1,000名のドイツ兵が、1917（大正6）年から20（大正9）年までこの地で俘虜生活を送ったのである。彼らの多くが元民間人であり、職能を活かして文化的生活を営もうとし、日本軍側もまたそれを奨励した。ベートーベンの交響曲第九番が日本で初めて演奏されたエピソードは、映画化されて広く知られている。現在この地は、鳴門市ドイツ館（資料館）が山麓に建ち、山頂にはドイツで鋳造されたばんどうの鐘がそびえている。近くを高松自動車道が走っているが、車から眺めるその光景は、独特の静けさを有している。

庭 旧徳島城 表御殿庭園 ＊名勝

蜂須賀家政によって1585（天正13）年に築城されて以降、徳島城は蜂須賀氏歴代の居城となった。丘陵部に本丸と二の丸などが設けられ、麓に

藩主の居館と表御殿や西の丸が築かれていた。現在、藩主の居館跡には博物館が建設されていて、その東側に庭園が保存されている。

　庭園には庭石として青石がふんだんに使われていて、原産地ならではの華やかさを見せている。江戸時代には、枯山水部分は小書院に面していて、園池部分は藩主の表居間に接していたのだが、現在は両方合わせた回遊式の庭園になっている。この庭園の作者は、客として滞在していた武将で茶人の上田宗箇とされている。

　以前、園池には海水が内堀から入っていて、干満がある「潮入りの庭」だったのだが、1946（昭和21）年の南海大地震で地盤沈下が起きて水位が上昇したために、57（昭和32）年の修復工事で海水を止めてしまった。しかし、現在園池の水が多い時には、飛石伝いに対岸に渡れなくなっている。元のように海水を入れて、名園を復活させてもらいたいのだが、不可能だろうか。

庭 阿波国分寺庭園　＊名勝

　徳島市国府町矢野に位置する阿波国分寺は、四国霊場88カ所の第15番札所になっている。この寺は、741（天平13）年の聖武天皇の国分寺建立の詔によって建造された、阿波国の国分僧寺が基になっている。鎌倉、室町時代も建物は整っていたようだが、その後荒廃して1689（元禄2）年の『四国遍礼霊場記』の図では、12個の礎石と塔の基壇、弥勒堂と家屋が描かれているだけになっている。青石の豪快な使い方から桃山時代の作庭とされてきたが、江戸前期の絵図からもこの説は否定される。

　1741（寛保元）年から徳島藩が再興を行って、1810（文化7）年に唐様の現本堂（瑠璃殿）を建てている。2005〜11（平成17〜23）・15（平成27）年度の保存整備の際の発掘調査によると、18世紀末〜19世紀初頭頃に現本堂の建立に伴って、現在の庭園になったとされている。すべて青石を使っているのが徳島らしいが、本堂西側にある高さ4mを超える立石は豪快で、本堂東側の枯滝、枯流れ、枯池の構成も力強い。石を斜めに据えている部分が多いことは、徳島城表御殿庭園とはまた違った技法の高さを示している。

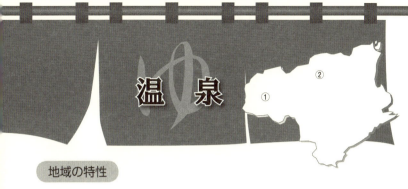

地域の特性

徳島県は、四国の中東部を占め、淡路島を挟んで紀伊水道と播磨灘に面している。吉野川が県の西を北流して大歩危、小歩危の奇岩をつくり、県境付近で東流して紀伊水道へ流れている。中西部の祖谷地方の秘境のかずら橋が観光対象となっていて、多くの客が山奥まで訪ねてくるが、実際に峡谷に架けられたかずら橋を渡った思い出を忘れることはないであろう。

また、鳴門海峡の渦潮も必見であり、現在は橋の上から観察できるので安心である。8月12〜15日に行われる阿波おどりは、全国に知られた郷土芸能である。

◆旧国名：阿波　県花：スダチノハナ　県鳥：シラサギ

温泉地の特色

県内には31カ所の温泉地が存在している。源泉数は86カ所であり、その3分の2は25℃未満の冷泉で、湧出量は毎分7,000ℓで全国45位である。年間延べ宿泊客数は35万人で、全国46位であり、温泉資源、温泉客の両面から温泉県であるとはいいがたい。

主な温泉地

①祖谷　硫化水素泉

県中西部、四国山地の真っ只中にある今なお平家伝説が残る秘境の温泉地である。祖谷川が形成した急傾斜地に畑が開かれ、谷底の渓谷にかずら橋が架かっている。温泉地は1965（昭和40）年に開発された。山峡の秘湯でありながら、宿泊料金が1泊2食付きで数万円の高級旅館もある。ケーブルカーで谷底の露天風呂に入るようになっており、ユニークである。一帯は剣山国定公園に指定されており、宿泊施設が点在していて秘湯人気

の高さがうかがえる。近くの吉野川の浸食によって形成された大歩危、小歩危の渓谷美を楽しむこともできる。

交通：JR土讃線安房池田駅、バス50分

②土柱休養村　硫化水素泉

　県中北部、吉野川中流域に土層が柱のように群立するユニークな土柱景観が形成されており、国の天然記念物に指定されている。その地に、阿波町営休養村の日帰り温泉施設が開設された。土柱群から少し離れた山の中腹に建つ「阿波土柱の湯」には、吉野川や阿波平野を見渡せる展望大浴場がある。

交通：JR徳島線阿波山川駅、タクシー

執筆者 / 出典一覧

※参考参照文献は紙面の都合上割愛
しましたので各出典をご覧ください

Ⅰ 歴史の文化編

【遺　跡】　石神裕之　（京都芸術大学歴史遺産学科教授）『47都道府県・遺跡百科』(2018)

【国宝 / 重要文化財】　森本和男　（歴史家）『47都道府県・国宝 / 重要文化財百科』(2018)

【城　郭】　西ヶ谷恭弘　（日本城郭史学会代表）『47都道府県・城郭百科』(2022)

【戦国大名】　森岡　浩　（姓氏研究家）『47都道府県・戦国大名百科』(2023)

【名門 / 名家】　森岡　浩　（姓氏研究家）『47都道府県・名門 / 名家百科』(2020)

【博物館】　草刈清人　（ミュージアム・フリーター）・可児光生　（美濃加茂市民ミュージアム館長）・坂本　昇　（伊丹市昆虫館館長）・髙田浩二　（元海の中道海洋生態科学館館長）『47都道府県・博物館百科』(2022)

【名　字】　森岡　浩　（姓氏研究家）『47都道府県・名字百科』(2019)

Ⅱ 食の文化編

【米 / 雑穀】　井上　繁　（日本経済新聞社社友）『47都道府県・米 / 雑穀百科』(2017)

【こなもの】　成瀬宇平　（鎌倉女子大学名誉教授）『47都道府県・こなもの食文化百科』(2012)

【くだもの】　井上　繁　（日本経済新聞社社友）『47都道府県・くだもの百科』(2017)

【魚　食】　成瀬宇平　（鎌倉女子大学名誉教授）『47都道府県・魚食文化百科』(2011)

【肉　食】　成瀬宇平　（鎌倉女子大学名誉教授）・横山次郎　（日本農産工業株式会社）『47都道府県・肉食文化百科』(2015)

【地　鶏】　成瀬宇平　（鎌倉女子大学名誉教授）・横山次郎　（日本農産工業株式会社）『47都道府県・地鶏百科』(2014)

【汁　物】　野﨑洋光　（元「分とく山」総料理長）・成瀬宇平　（鎌倉女子大学名誉教授）『47都道府県・汁物百科』(2015)

【伝統調味料】　成瀬宇平　（鎌倉女子大学名誉教授）『47都道府県・伝統調味料百科』(2013)

【発　酵】　北本勝ひこ　（日本薬科大学特任教授）『47都道府県・発酵文化百科』(2021)

【和菓子 / 郷土菓子】 **亀井千歩子** （日本地域文化研究所代表）『47都道府県・和菓子 / 郷土菓子百科』(2016)

【乾物 / 干物】 **星名桂治** （日本かんぶつ協会シニアアドバイザー）『47都道府県・乾物 / 干物百科』(2017)

Ⅲ 営みの文化編

【伝統行事】 **神崎宣武** （民俗学者）『47都道府県・伝統行事百科』(2012)

【寺社信仰】 **中山和久** （人間総合科学大学人間科学部教授）『47都道府県・寺社信仰百科』(2017)

【伝統工芸】 **関根由子・指田京子・佐々木千雅子** （和くらし・くらぶ）『47都道府県・伝統工芸百科』(2021)

【民 話】 **花部英雄** （元國學院大學文学部教授）/ 花部英雄・小堀光夫編『47都道府県・民話百科』(2019)

【妖怪伝承】 **香川雅信** （兵庫県立歴史博物館学芸課長）/ 飯倉義之・香川雅信編、常光 徹・小松和彦監修『47都道府県・妖怪伝承百科』(2017)イラスト©東雲騎人

【高校野球】 **森岡 浩** （姓氏研究家）『47都道府県・高校野球百科』(2021)

【やきもの】 **神崎宣武** （民俗学者）『47都道府県・やきもの百科』(2021)

Ⅳ 風景の文化編

【地名由来】 **谷川彰英** （筑波大学名誉教授）『47都道府県・地名由来百科』(2015)

【商店街】 **正木久仁** （大阪教育大学名誉教授）/ 正木久仁・杉山伸一編著『47都道府県・商店街百科』(2019)

【花風景】 **西田正憲** （奈良県立大学名誉教授）『47都道府県・花風景百科』(2019)

【公園 / 庭園】 **西田正憲** （奈良県立大学名誉教授）・**飛田範夫** （庭園史研究家）・**井原 縁** （奈良県立大学地域創造学部教授）・**黒田乃生** （筑波大学芸術系教授）『47都道府県・公園 / 庭園百科』(2017)

【温 泉】 **山村順次** （元城西国際大学観光学部教授）『47都道府県・温泉百科』(2015)

索　　引

あ 行

藍染	5, 86
藍の館	41
あおがい（青貝）	55, 92
青木家（海部郡牟岐浦の旧家）	34
青木家（美馬郡宮前の豪農）	34
阿麻橘（あおきつ／名字）	46
あおさ汁	77
青海苔	95
あおのり餅	65
赤沢氏	28
赤シャグマ	122
阿佐（名字）	45
阿佐氏	28
阿佐家	34
足利家	34
鯵の押し寿司	52, 86
足代東原遺跡	14
小豆	50
安宅屋羊羹	93
阿南市	3
阿南光高	128
あめご三貫目	116
あめごのひらら焼き	64, 86
天羽氏	28
あゆ雑炊	65
アユの炊き込みご飯	64
アワ	50
阿波池田駅前商店街	145
阿波ういろう	56, 93
阿波晩生	54
阿波おどり	5, 101
阿波尾鶏	54, 69, 71
阿波尾鶏重	69
阿波踊り竹人形	113
阿波牛	67
阿波国分寺庭園	156
阿波国分尼寺跡	17
阿波正藍しじら織	110
阿波すだち鶏	72
阿波沢庵	54, 86
阿波木偶	112

阿波徳島半田手延べ	96
阿波長ひじき	96
阿波の藍染しじら館	87
粟国	6
阿波の胡麻砂糖赤飯	93
阿波の味噌焼	81
阿波の麦菓子	93
阿波晩茶	85
阿波ポーク	68
阿波焼	133
阿波和紙	111
飯尾氏	28
池田高	128
池の月	92
伊沢氏	28
石井町のフジ	148
石井ほうれん汁	77
イチゴ	61
イチジク	60
一宮氏	29
一宮城	24
一貫牛	67
一本足	122
稲田氏	8
犬神	122
犬伏氏	29
犬伏家	34
井上家	35
イボダイの料理	64
祖谷	157
彩どり	72
忌部氏	6
宇佐八幡神社	104
牛打坊	122
宇志比古神社甘酒祭り	87
うず潮兜鍋	83
うだつの町並み	5
ウメ	60
うるち米	49
運気そば	57
恵解山古墳群	16
お亥の子さん	52
麻植（おえ／名字）	46
麻植氏	29
大久保家	35

大黒家	35
大谷焼	112, 131
大塚国際美術館	4
オオナゴ	123
大西氏	29
大西城	24
大歩危・小歩危	4, 137
大道銀天街	145
小笠原氏	7
おかず味噌「青とうがらし」	81
オカンスコロガシ	123
お御供	101
お玉杓子	120
鬼うますだち胡椒	82
おぼろ饅頭	92

か 行

海部	137
海部氏	29
海部家	35
海部高	128
海部城	25
海陽町立博物館	42
カキ	59
籠屋町商店街	143
賀島家	35
かしわ	56
金磯焼	133
金丸八幡神社	105
金清1号池、金清2号池	51
鎌田氏	30
神山鶏	72
加茂谷川岩陰遺跡群	13
蚊帳吊り狸	123
唐草饅頭	92
川俣疏水	51
キウイ	59
キウイのサンドイッチ	62
刻み漬け	86
キヌヒカリ	49
旧木頭村の端午の行事	92
究極のたまごかけごはん専門たまご	72
旧徳島城表御殿庭園	155

161

旧東祖谷山村の端午の行事 92	重楽寺 106	端午の節供のかしわ餅 91
キュウリとそうめんの味噌汁 77	地養赤どり 72	段ノ塚穴古墳 16
キレンゲショウマ 151	庄遺跡 14	力餅大会 53
金長狸 123	城王神社 104	チューリップ 148
ギンナン 60	正月14日の「おいわいしょ」 91	衝立狸 125
久次米家 36	勝瑞城 24	ツチノコ 125
工藤氏 30	醸造用米 49	ツツジ 151
首おさえ 123	焼酎 85	剣山国定公園剣山 154
首切れ馬 123	地養鶏 72	剣山のキレンゲショウマ 151
クリ 60	醤油 75, 85	デ・レイケ公園のチューリップ 148
黒麦 91	丈六寺 20	手杵 125
ケーブルテレビ 2	食塩 75, 81	でこまわし 86
ケシボウズ 124	不知火 59	天王はん市 52
玄蕎麦徳島産在来 97	城山貝塚 14	でんぷ 6
源田遺跡 15	新開氏 31	天満神社 105
高入道 125	神代踊 100	ドイツ村公園 155
五王神社 106	新町川水際公園 155	とうきびの粉だんご 55
郡里廃寺跡 17	スイカ 61	東条氏 31
ゴギャナキ 124	すじのり汁 77	銅鐸 19
国分寺 105	スダチ 4, 58, 149	豆腐八杯 77
コシヒカリ 49	すだち入りオムレツ 61	トウモロコシ(スイートコーン) 50
ご膳味噌 81	酢橘酢とポン酢 82	徳島県立あすたむらんど(あすたむらんど徳島)子ども科学館 42
コナキジジ 124	すだちとかぼちゃの麻婆茄子 61	徳島県立阿波十郎兵衛屋敷 41
小松島高 128	すだち丼 71	徳島県立博物館・徳島県立鳥居龍蔵記念博物館 39
小松島市 3	ストロベリーフォンデュ 61	徳島県立文学書道館(言の葉ミュージアム) 41
小松島西高 129	スモモ 60	徳島市 2
小麦 50	勢玉酒蔵資料館 87	徳島商(高) 129
木屋平高原放し飼いたまご 72	西部公園のサクラ 147	徳島城 25
小六饅頭 57	瀬戸内海国立公園鳴門海峡 153	徳島城下の水事情 90
さ　行	千光寺 104	徳島市立考古資料館 41
西条氏 30	曽我氏神社 106	徳島市立徳島城博物館 40
小男鹿 56	そば 50	徳島中央公園 154
坂州八幡神社 107	ソバ(植物) 150	とくしま動物園 41
十八女 137	そば切り(木頭) 57	徳島丼 68
サクラ 147	そば切り(東祖谷山) 57	徳島のスダチ 149
貞之丞だんご 94	そば米雑炊(そば米汁) 52, 77, 78	徳島バーガー 71
佐野氏 30	**た　行**	徳島藩御召鯨船千山丸 19
鯖大師 118	大豆 50	徳島ラーメン 68
澤鹿・小男鹿 93	タイのピリ辛がゆ 52	土柱休養村 158
四九火 125	滝のやき餅 89	鶏ときのこのすだちバター炒め 61
四国三郎 109	太刀踊り 53	ドンガン 125
四国三郎牛 67	太刀 銘正恒 3	
宍喰 138	田中家住宅 21	
七穀味噌 81	七夕だんご 55	
篠原氏 30	たらいうどん 57	
渋野丸山古墳 6, 16	だんご 56	
志摩家 36		

162

な 行

那賀川用水	51
長国	6
鳴門渦潮高	129
鳴門海峡大橋	9
なると金時	6
鳴門高	129
鳴門市	3
鳴門市ドイツ館・鳴門市賀	
川豊彦記念館	40
鳴門の渦潮	4, 118
仁宇氏	31
にし阿波地域のソバ	150
西祖谷の神代踊り	52
西新町商店街	143
西野家	36
二条大麦	50
日本酒	85
日本ナシ	59
人形浄瑠璃	5, 102
ねざし味噌	81
ノガマ	126

は 行

灰干しわかめ	65, 96
萩原墳墓群	16
化け袋	120
箸蔵寺	20
箸蔵用水	51
ハス	149
廿枝遺跡	13
はだか麦	50
旗山の義経	119
蜂須賀家政	7
蜂須賀家	37
八幡神社	107
ハッサク	59
ハナエチゼン	49
花切り大根	96
ばらもち	56
半田そうめん	57, 86
坂東家	37
東新町商店街	143

東みよし町立歴史民俗資料	
館	42
眉山	4, 139
ひじき五目ずし	65
ビワ	60
日和佐ウミガメ博物館カレ	
ッタ	42
吹田家	37
福井焼	133
ふくさ汁	77
福永家住宅	21
フジ	148
ふじおか牛	67
藤川家	37
ふしめん	86
ふしめん味噌汁・お吸物	77
ブドウ	60
ぶどう饅頭	94
船窪つつじ公園のツツジ	
	151
フルーツガーデン山形	62
ブルーベリー	60
ボウゼの姿寿司	51, 64, 86
細川頼之	7
ポッポ街商店街	144

ま 行

まき	92
巻柿	93
マダイのピリ辛がゆ	83
松茂町歴史民俗資料館・人	
形浄瑠璃芝居資料館	40
ミカン	59
三木氏	31
三木家	38
味噌	75, 85
南家	38
美馬（名字）	46
三好（名字）	46
三好氏	31, 33
三好市	3
三好長慶	7
撫養（むや／名字・地名）	
	46, 139

撫養城	26
芽かぶとろろ	65
メッキコロガシ	126
メロン	61
もち米	49
モチミノリ	49
桃	60
桃太郎	117
森氏	32
森家	38

や 行

夜行さん	126
八坂神社	108
やつまただんご	55
矢野氏	32
山爺	126
山柑	126
ヤマモモ	3, 59
ユコウ	61
遊山箱	113
ユズ	4, 58
ゆず・すだち	82
柚子や酢橘を入れた醤油	80
吉田家	38
吉野川下流域のハス	149
吉野川市	3
蓬粉末	97

ら 行

リンゴ	61
ルナロッサトマトソース	82
蓮根	97
れんこんのみぞれ味噌汁	78
れんこんみぞれ汁	77

わ 行

ワイン	85
若杉山遺跡	15
和布羊羹	93
脇城	26
和三盆蔵糖	93
鷲敷	139
和田島しらす	97

47都道府県ご当地文化百科・徳島県

令和6年10月30日　発　行

編　者　丸　善　出　版

発行者　池　田　和　博

発行所　丸善出版株式会社

〒101-0051 東京都千代田区神田神保町二丁目17番
編集：電話 (03) 3512-3264／FAX (03) 3512-3272
営業：電話 (03) 3512-3256／FAX (03) 3512-3270
https://www.maruzen-publishing.co.jp

© Maruzen Publishing Co., Ltd. 2024

組版印刷・富士美術印刷株式会社／製本・株式会社 松岳社

ISBN 978-4-621-30959-9　C 0525　　　　　Printed in Japan

JCOPY 〈(一社)出版者著作権管理機構　委託出版物〉
本書の無断複写は著作権法上での例外を除き禁じられています．複写
される場合は，そのつど事前に，(一社)出版者著作権管理機構(電話
03-5244-5088, FAX 03-5244-5089, e-mail：info@jcopy.or.jp) の許諾
を得てください．

【好評既刊 ● 47都道府県百科シリーズ】
（定価：本体価格3800〜4400円＋税）

47都道府県・**伝統食百科**……その地ならではの伝統料理を具体的に解説

47都道府県・**地野菜/伝統野菜百科**……その地特有の野菜から食べ方まで

47都道府県・**魚食文化百科**……魚介類から加工品、魚料理まで一挙に紹介

47都道府県・**伝統行事百科**……新鮮味ある切り口で主要伝統行事を平易解説

47都道府県・**こなもの食文化百科**……加工方法、食べ方、歴史を興味深く解説

47都道府県・**伝統調味料百科**……各地の伝統的な味付けや調味料、素材を紹介

47都道府県・**地鶏百科**……各地の地鶏・銘柄鳥・卵や美味い料理を紹介

47都道府県・**肉食文化百科**……古来から愛された肉食の歴史・文化を解説

47都道府県・**地名由来百科**……興味をそそる地名の由来が盛りだくさん！

47都道府県・**汁物百科**……ご当地ならではの滋味の話題が満載！

47都道府県・**温泉百科**……立地・歴史・観光・先人の足跡などを紹介

47都道府県・**和菓子/郷土菓子百科**……地元にちなんだお菓子がわかる

47都道府県・**乾物/干物百科**……乾物の種類、作り方から食べ方まで

47都道府県・**寺社信仰百科**……ユニークな寺社や信仰を具体的に解説

47都道府県・**くだもの百科**……地域性あふれる名産・特産の果物を紹介

47都道府県・**公園/庭園百科**……自然が生んだ快適野外空間340事例を紹介

47都道府県・**妖怪伝承百科**……地元の人の心に根付く妖怪伝承とはなにか

47都道府県・**米/雑穀百科**……地元こだわりの美味しいお米・雑穀がわかる

47都道府県・**遺跡百科**……原始〜近・現代まで全国の遺跡＆遺物を通観

47都道府県・**国宝/重要文化財百科**……近代的美術観・審美眼の粋を知る！

47都道府県・**花風景百科**……花に癒される、全国花物語 350事例！

47都道府県・**名字百科**……NHK「日本人のおなまえっ！」解説者の意欲作

47都道府県・**商店街百科**……全国の魅力的な商店街を紹介

47都道府県・**民話百科**……昔話、伝説、世間話…語り継がれた話が読める

47都道府県・**名門/名家百科**……都道府県ごとに名門/名家を徹底解説

47都道府県・**やきもの百科**……やきもの大国の地域性を民俗学的見地で解説

47都道府県・**発酵文化百科**……風土ごとの多様な発酵文化・発酵食品を解説

47都道府県・**高校野球百科**……高校野球の基礎知識と強豪校を徹底解説

47都道府県・**伝統工芸百科**……現代に活きる伝統工芸を歴史とともに紹介

47都道府県・**城下町百科**……全国各地の城下町の歴史と魅力を解説

47都道府県・**博物館百科**……モノ＆コトが詰まった博物館を厳選

47都道府県・**城郭百科**……お城から見るあなたの県の特色

47都道府県・**戦国大名百科**……群雄割拠した戦国大名・国衆を徹底解説

47都道府県・**産業遺産百科**……保存と活用の歴史を解説。探訪にも役立つ

47都道府県・**民俗芸能百科**……各地で現存し輝き続ける民俗芸能がわかる

47都道府県・**大相撲力士百科**……古今東西の幕内力士の郷里や魅力を紹介

47都道府県・**老舗百科**……長寿の秘訣、歴史や経営理念を紹介

47都道府県・**地質景観/ジオサイト百科**……ユニークな地質景観の謎を解く

47都道府県・**文学の偉人百科**……主要文学者が総覧できるユニークなガイド